식물로 보는 한국사 이야기 ❶
고조선부터 고려까지

1판 1쇄 인쇄 2023년 11월 15일

글쓴이   신현배
그린이   김규준

펴낸이   이경민
펴낸곳   ㈜동아엠앤비
주소   (03972) 서울특별시 마포구 월드컵북로22길 21 2층
전화   (편집) 02-392-6901 (마케팅) 02-392-6900
팩스   02-392-6902
이메일   damnb0401@naver.com
SNS
출판등록   2014년 3월 28일(제25100-2014-000025호)

ISBN 979-11-6363-743-1 74810
      979-11-6363-742-4 74810 (세트)

※ 책 가격은 뒤표지에 있습니다.
※ 잘못된 책은 구입한 곳에서 바꿔 드립니다.
※ 사진 출처: 국립중앙박물관, 문화재청, 위키백과, 셔터스톡 코리아

도서출판 뭉치는 ㈜동아엠앤비의 어린이 출판 브랜드로, 아이들의 지식을 단단하게 만들어주고, 아이들의 창의력과 사고력을 키워주어 우리 자녀들이 융합형 창의 사고뭉치로 성장할 수 있도록 좋은 책을 만들겠습니다.

작가의 글

식물을 통해 본 5천 년 우리 역사 이야기

현재 지구상에는 30여만 종에 이르는 식물이 있고, 우리 한반도에는 4천 5백여 종의 식물이 자라고 있다고 하지?

인간은 오랜 세월을 식물과 함께 살아왔어. 식물은 인간의 삶에 많은 도움을 주고 있지. 산소를 생산하여 인간이 숨을 쉬도록 해 주고, 열매와 씨앗으로 먹을 양식과 병을 치료하는 약이 되어 주지. 또한 자신의 몸을 바쳐 집을 짓는 재료가 되어 주고, 꽃을 피워 인간을 즐겁게 해 준단다.

식물은 인간의 삶에서 없어서는 안 될 소중한 존재야. 인간은 식물을 벗어나서는 삶을 유지할 수가 없지.

인류 역사를 돌아보더라도 식물이 남겨 놓은 발자취는 곳곳에서 찾아볼 수 있어. 그럴 수밖에 없는 것이, 식물은 언제나 인간과 깊은 유대 관계를 맺으며 인간과 함께해 왔거든. 아마도 식물이 없었다면 인류 역사는 아예 시작되지 않았을 거야.

벼는 우리나라를 포함한 동아시아와 동남아시아 지역에서 주로 재배하는 농작물이야. 그 열매의 껍질을 벗겨 낸 것을 쌀이라고 하는데, 전 세계 40퍼센트에 이르는 사람들이 쌀을 주식으로 하고 있어.

벼농사는 지금부터 1만 년 전쯤에 중국 남부와 인도, 인도차이나반도 등지에서 시작되었다고 해. 그리고 우리나라에는 중국을 거쳐 전해졌으며, 신석기 시대 후반부터 벼농사가 시작되어 삼한 시대에 이미 쌀을 식량으로 이용했다고 알려져 있어.

아시아에서 인류의 문명을 꽃피우게 한 식물이 바로 벼이지. 인간이 벼농사를 지어 정착 생활을 함으로써 인구가 늘어나고, 잉여 생산물 때문에 계급 사회가 되었다고 하지? 벼 하나만 보더라도 식물이 어떻게 인류의 역사를 바꾸었는지 알 수 있겠지?

그런데 재미있는 것은, 식물과 관련된 일 때문에 역사의 물줄기가 바뀐 경우가 적지 않았다는 거야.

우리 역사를 살펴보면, 종이가 발명되기 전에는 작은 나뭇조각인 목간에 문자를 기록했다지. 천년 왕국 신라는 참나무를 구운 숯으로 망했다는 이야기가 있어. 또한 벌레가 갉아 먹게 해 오동나무 잎에 쓴 글자 '주초위왕(走肖爲王)'이 기묘사화를 불러오거나, 임진왜란은 후추 때문에 일어났고, 소나무로 만들어진 판옥선·거북선 때문에 조선이 일본을 이겼대. 그리고 이순신 장군은 벼농사·보리농사를 지어 수군을 먹여 살렸고, 유성룡이 칡넝쿨로 임진강에 다리를 만들어 명나라 대군을 건너게 해서 일본군에게 빼앗겼던 한양을 탈환할 수 있었단다.

그런가 하면, 공물을 쌀로 받는 대동법이 조선을 살렸고, 진주민란은 곡식을 농민에게 꾸어 주는 환곡 때문에 일어났지. 그리고 임오군란은 겨와 모래와 돌이 섞인 쌀 때문에 일어났으며, 대한민국 임시 정부는 하와이 사탕수수 농장 한인 노동자들의 피땀으로 운영되었단다.

『식물로 보는 한국사 이야기』(전3권)는 식물을 통해 본 우리 역사 이야기야. 5천 년 한국사에서 우리 민족과 함께했던 여러 식물의 이야기를 한자리에 모았어.

딱딱하고 지루한 역사 이야기가 아니라, 마늘·쑥·쪽풀·메밀·차나무·쌀·보리·소나무·대나무·갈대·연꽃·향나무·금송·모란·마·은행나무·버들·닥나무·호두나무·봉선화·목화·콩·복숭아나무·귤나무·회화나무·뽕나무·참외·수박·오동나무·매화나무·탱자나무·인삼·고구마·감자·배추·커피·구상나무·느티나무·사탕수수·무궁화·벚나무·옥수수·대왕참나무·밀 등등 다양한 식물들이 주인공으로 등장하여 흥미진진한 역사 이야기가 펼쳐진단다.

  우리 역사에 영향을 미친 식물 이야기를 읽다 보면 5천 년 한국사가 한눈에 들어오고, 새로운 눈으로 역사를 볼 수 있는 좋은 기회가 될 거야.

2023년 가을에
신현배

차례

작가의 글 • 004

01 단군 신화를 낳은 마늘과 쑥 • 012
02 우리나라에서는 이미 4, 5천 년 전에 벼농사를 짓기 시작했다? • 016
03 우리 민족은 식물 염료를 가장 많이 썼다? • 022
04 수로왕의 왕비 허황옥은 인도에서 시집올 때 차나무의 씨를 가져왔다? • 026
05 유화 부인이 비둘기 목에 보리 종자를 걸어 아들 주몽에게 보냈다? • 034
06 칠각형의 돌 위 소나무 아래에 감춘 것을 찾아라! • 040
07 우리나라에서는 삼국 시대부터 옷감과 쌀을 화폐로 사용했다? • 046
08 작은 나뭇조각인 목간에 문자를 기록하다 • 052
09 미추왕과 귀에 댓잎 꽂은 병사들 • 056
10 고구려 고분 벽화에는 왜 연꽃이 많이 그려져 있을까? • 064
11 나무 모양의 장식이 붙어 있는 신라 금관 • 072
12 옛날 사람들은 왜 향나무를 땅속에 묻어 두었을까? • 076
13 백제 무령왕릉 목관은 일본에서 자란 금송으로 만들어졌다? • 080
14 당나라 황제가 벌이나 나비가 없는 모란꽃 그림을 신라에 보낸 이유 • 084
15 분 화장에는 쌀·보릿가루, 세수에는 녹두·콩·팥가루 • 090
16 나무로 세워진 우리 민족 최고의 탑, 황룡사 9층탑 • 094
17 마를 캐어 판 서동, 선화 공주와 결혼하다 • 100

18 만 명을 먹일 수 있는 백제의 식량 저장 창고 터에서
불에 탄 쌀·보리·콩이 발견되다 • 112

19 대나무로 만든 신비한 피리, 만파식적 • 118

20 "임금님 귀는 당나귀 귀!", 대나무 숲에서 들려오다 • 124

21 신라의 서라벌에는 부자들이 살아서 초가집이 한 채도 없다? • 130

22 소나무를 많이 심으면 삼한을 통일할 왕이 태어난다? • 138

23 홍수 피해를 막으려고 숲을 만든 최치원 • 144

24 천년 왕국 신라는 숲으로 망했다? • 150

25 용문사에 은행나무를 심고 삼베옷을 입은 마의 태자 • 156

26 닥나무로 만들어진 한지, 중국인들을 놀라게 하다 • 164

27 세계 최고의 나무 문화재, 팔만대장경 • 170

28 호두나무는 반역자 류청신이 원나라에서 들여왔다? • 178

29 충선왕과 봉선화 물들이기 • 182

30 목화씨를 들여온 문익점, 온 백성을 따뜻하게 입히다 • 188

31 명나라에 사신으로 간 박의중, 뇌물 대신 모시옷을 벗어 주다 • 192

32 이성계를 찾아간 정도전, 병영 앞 소나무에 자신의 속마음이 담긴
시를 쓰다 • 196

33 "내 무덤에 풀 한 포기 나지 않을 것이다." 말했던 최영 장군 • 202

01

단군 신화를 낳은
마늘과 쑥

『삼국유사』에는 우리나라의 건국 신화인 단군 신화가 나오지? 하늘나라의 왕인 환인의 아들 환웅이 인간 세상을 다스리려고 3천 명의 신을 거느리고 태백산 꼭대기 신단수 아래로 내려온단다. 환웅은 태백산에 신시(神市)를 열고 인간 세상을 다스리기 시작하지.

그런데 어느 날 곰과 호랑이가 사람이 되고 싶다며 환웅을 찾아오지. 환웅은 곰과 호랑이에게 마늘 스무 쪽과 쑥 한 줌을 주며, 햇빛이 전혀 들지 않는 어두컴컴한 굴속에서 백 일 동안 기도를 해야 한다고 해. 다른 것은 먹지 말고 마늘 스무 쪽과 쑥 한 줌만 먹어야 한다면서 말이야.

곰과 호랑이는 환웅이 시키는 대로 어두컴컴한 굴속에 들어가 기도를 시작했어. 그런데 호랑이는 며칠을 참지 못하고 굴 밖으로 뛰쳐나가지. 하지만 곰은 마늘과 쑥을 먹으며 삼칠일 동안 참고 견디 끝에 소원대로 사람이 된단다. 곰의 가죽을 벗고 어여쁜 여자의 몸으로 변해 '웅녀'라는 이름을 얻지. 웅녀는 혼인할 사람이 없어 신단수 아래에서 아기를 낳게 해 달라고 기도한 뒤 환웅과 결혼하여 아들을 낳았는데, 그가 바로 단군왕검이야.

이 이야기에서 곰과 호랑이는, 토착 부족인 곰을 숭배하는 부족과 호랑이를 숭배하는 부족을 상징한다고 해. 하늘의 부족이라고 주장하는 외래 부족이 곰을 숭배하는 부족과 호랑이를 숭배하는 부족을 몰아내고 새 나라를 세운다는 것이지.

그럼 단군 신화를 낳은 마늘과 쑥은 무엇을 의미할까? 어떤 학자는 이 이야기가 도구를 가진 집단과 도구를 갖지 못한 집단 간의 지배와 피지배 구도를 표현한 것이라고 풀이해. 사람과 동물의 차이는 도구의 사용에 있는데, 도구를 갖지 못한 집단은 도구를 가진 집단의 지배를 받을 수밖에 없어. 이때 도구를 갖지 못한 집단이 도구를 가진 집단에게 제철 기술을 갖게 해 달라고 청하여, 삼칠일이나 백 일 동안 제철 기술을 익히지. 그런데 곰은 제철 기술을 익혀 사람이 되지만, 호랑이는 도중에 그만두어 사람이 되지 못해. 여

기서 마늘과 쑥은 도구를 가진 집단이 즐겨 먹는 음식이란다.

곰이 마늘과 쑥을 먹고 사람이 되었다는 것은, 미성년이 성년이 되는 '통과 의례'의 한 절차라 할 수 있어. 맵고 독한 음식을 먹으며 참고 견뎌야 진정한 어른, 즉 사람이 될 수 있으니까.

당시 사람들은 마늘과 쑥이 잡귀를 쫓거나 나쁜 기운을 없앨 만큼 신비한 음식이라고 믿었어. 그리고 더럽혀진 몸을 맑게 하는 정화제 역할을 하기에, 곰이 사람이 되는 데 필요한 음식으로는 이만큼 좋은 것이 또 없겠지? 그래서 이 이야기에서 곰이 도토리를 먹고 사람이 되었다고 하지 않고, 마늘과 쑥을 먹고 사람이 되었다고 한 것이란다.

환인의 아들 환웅은
왜 신단수를 통해 내려왔을까요?

단군 신화에 따르면, 하늘나라의 왕인 환인의 아들 환웅은 인간 세상을 다스리려고 3천 명의 신을 거느리고 태백산 꼭대기 신단수 아래로 내려왔다고 했지? 그럼 환웅은 왜 신단수를 통해 땅에 내려왔을까?

우리 민족은 오랜 옛날부터 나무를 숭앙의 대상으로 삼았어. 하늘에 계신 신에게 제사드릴 때는 반드시 단을 쌓고, 그 단에는 나무를 심어 신성하게 받들었지. 이 나무가 바로 '신단수(神壇樹)'야. 사람들은 신이 땅으로 내려올 때는 신단수를 통해 내려온다고 믿었지. 신단수야말로 하늘과 땅을 연결해 주는 구실을 한다고 여겼거든.

이런 신단수는 고려 시대 이후 사당목·성황목·당산나무 등 여러 이름으로 불리며 신앙의 대상이 되었지. 그 나무는 우리나라에 940종이 있는데, 그 가운데 가장 많은 나무가 느티나무이고, 그다음이 은행나무·팽나무야. 이 나무들은 온갖 재앙으로부터 마을을 지켜 준다고 믿어, 옛날 사람들이 정성껏 제사를 지내며 소중하게 보호해 왔단다.

02

우리나라에서는 이미 4, 5천 년 전에 벼농사를 짓기 시작했다?

벼는 우리나라를 포함한 동아시아와 동남아시아 지역에서 주로 재배하는 농작물이야. 그 열매의 껍질을 벗겨 낸 것을 쌀이라고 하는데, 전 세계 40퍼센트에 이르는 사람들이 쌀을 주식으로 하고 있어.

벼는 밀·옥수수와 함께 세계 3대 식량 작물로 꼽히는데, 우리나라에서는 오랜 옛날부터 쌀을 주식으로 삼아 왔어. 그래서 농민들에게 가장 중요한 농사가 바로 벼농사라 할 수 있지.

벼농사는 지금으로부터 1만 년 전쯤에 중국 남부와 인도, 인도차이나 반도 등지에서 시작되었다고 해. 그리고 우리나라에는 중국을 거쳐 전해졌으며, 신석기 시대 후반부터 벼농사가 시작되어 삼한 시대에 이미 쌀을 식량으로 이용했다고 알려져 있어.

경기도 여주에서는 약 3천 년 전의 탄화미(炭化米)가 발견되었고,

경기도 김포에서는 약 4천 1백 년 전의 볍씨가, 그리고 경기도 고양에서는 약 4천 4백 년 전의 볍씨가 나왔어. 그래서 우리나라에서는 이미 4, 5천 년 전에 벼가 들어와 농사를 짓기 시작했음을 알 수 있어.

벼는 경작 방법에 따라 논벼와 밭벼로 나눌 수 있어. 논벼는 논에 물을 대고 재배하는 벼이고, 밭벼는 물이 없는 밭에서 재배하는 벼야. 우리나라는 비가 알맞게 오고 물이 풍부해서 논벼를 재배하기에 좋지. 논벼를 재배하는 방식은 18세기 이전만 해도 '직파법'이 주류를 이루었어. 직파법은 물을 채운 논에 직접 볍씨를 뿌려 한 곳에서만 벼를 재배하는 농사법이야. 추수를 할 때까지 네다섯 번의 김매기(잡초 뽑기) 작업을 해야 하지.

그런데 18세기에 들어와서 못자리에서 모를 기른 뒤 논에 옮겨 심는 농사법인 '이앙법'이 널리 퍼졌어. 이 농사법은 직파법에 비해 김매기 횟수를 절반 이하로 줄일 수 있고 수확량도 훨씬 많았어. 게다가 여름에 벼를 심고 겨울에 보리를 심는 '이모작'을 할 수 있었어. 이런 여러 가지 장점 때문에 조선 후기에는 대부분의 논에서 이앙법으로 벼농사를 지었지.

조선 제3대 태종은 심한 가뭄이 계속되자 하늘이 자신을 벌준다고 생각했어. 그래서 왕위를 세자(세종)에게 물려주고 물러나기로 결심했지.

그날 밤, 태종은 붓으로 쌀 '미(米)' 자를 밤새도록 썼다고 해. 얼마나 많이 썼는지 그 글자를 모아 밥을 짓는다면 한 그릇은 되었을 거래.

태종은 얼마나 사무쳤으면 쌀 '미' 자를 밤새도록 썼을까? 가뭄으로 벼농사를 망쳐 쌀을 수확할 수 없게 되었으니, 굶주리는 백성들을 바라보는 임금의 마음은 찢어질 듯 아팠겠지.

쌀 '미(米)' 자는 본래 벼 이삭이 상하좌우에 매달린 모습을 본떠 만든 글자라고 해. 그런데 우리나라에서는 옛날부터 이 글자를 '八'과 '八'을 합한 글자로 보았어. 그리하여 쌀농사는 볍씨를 뿌리고 가꾸어, 밥이 되어 입에 들어가기까지 여든여덟 번 사람의 손을 거쳐야 한다고 해서 쌀 '미' 자가 되었다는 거야.

사람이 생활하는 데 필요한 쌀을 얻기 위해 벼를 재배하는 농사는 이처럼 고단한 일이야. 농경지에 볍씨를 뿌리고 가꾸어 거두기까지 사람의 손이 많이 가야 하니까.

벼농사를 지으려면 먼저 볍씨를 준비해야 해. 소금물에 담갔을 때 가라앉은 볍씨를 골라내 따뜻한 물에 담가 놓지. 그러면 볍씨에 싹이 나는데, 이 볍씨를 4월 상순부터 중순까지 못자리에 뿌려 모를 길러 내 써레질을 마친 논에 옮겨 심어. 이것을 '모내기'라고 해. 이때가 5월 중순에서 하순이야.

그 뒤 서너 차례 논에 비료를 주고 김매기를 해. 여름 내내 물이 마르지 않도록 열심히 논에 물을 대 주는데, 그래야 벼가 아무 탈

없이 잘 자란단다. 8월에 벼 이삭이 팬 뒤 40~45일이 지난 9월 중·하순쯤에는 벼 베기를 해. 그다음에는 도리깨로 벼에서 낟알을 털어 내는데, 이것을 '타작'이라고 해. 타작이 끝나면 풍구로 불리고 키질을 하여 쭉정이들을 날려 보내. 그렇게 해서 수확한 곡식을 볏섬에 담아 곳간에 보관한단다.

그리고 10월 상달이 되면 곡식을 절구나 방아로 찧어 햅쌀을 만들어 떡과 술을 빚지. 그 떡과 술로 천지신명께 제사를 올리면 그해의 벼농사가 끝나는 거야.

조선 시대 사람들은
밥 짓는 솜씨가 뛰어났다고요?

밥은 쌀, 보리 등의 곡식을 끓여 익힌 음식이야. 우리나라 음식 가운데 우리 민족의 기본 주식이라 할 수 있지. 요즘은 잡곡을 섞지 않고 주로 쌀로만 밥을 짓기에 밥이라면 '쌀밥'을 가리킨단다.

빵을 주식으로 하는 서양에서는 한때 유럽의 선원들이 벼를 '맹인초(장님풀)'라 부르며 기피했다고 해. 쌀을 먹으면 장님이 된다고 믿었거든.

그러나 우리나라를 비롯하여 중국·일본·베트남 등 아시아의 여러 나라에서는 대부분 밥을 주식으로 하고 있어. 특히 우리나라에서는 부족 국가 시대부터 벼농사를 시작하여 삼국 시대에는 쇠로 만든 솥이 나오면서 밥을 널리 짓게 되었단다.

밥을 지으려면 먼저 쌀을 씻어 조리로 돌을 골라낸 뒤, 쌀의 1.1~1.3배쯤의 물을 붓고 처음에 센 불로 끓여. 그러다가 물이 잦아들면 불을 약하게 하여 5~10분쯤 뜸을 들이지.

조선 시대 사람들은 밥 짓는 솜씨가 뛰어나 다른 나라에까지 소문이 나 있었어. 청나라의 장영이라는 사람은 『반유십이합설』에서 "조선 사람들은 밥을 잘 짓는다. 밥알에 윤기가 있어 부드러우며 향긋하고, 또 솥 속의 밥이 고루 익어 기름지다."고 칭찬을 아끼지 않았어.

쌀은 모든 곡식 가운데 가장 맛이 좋고 조리가 간편해. 수분이 65퍼센트나 되어 먹기 쉽고 소화도 잘 되지. 또한 탄수화물 79퍼센트에 단백질 7퍼센트, 그밖에 비타민, 칼슘, 철, 인 등 영양분이 골고루 들어 있어 매우 우수한 식품으로 알려져 있어.

밥의 종류도 다양하여 쌀과 잡곡으로 짓는 밥에는 보리밥, 조밥, 강낭콩밥, 기장밥, 오곡밥, 찰밥, 수수밥, 옥수수밥, 팥밥 등이 있고, 채소를 넣어 짓는 밥에는 감자밥, 죽순밥, 송이밥, 김치밥, 나물밥, 콩나물밥, 해산물을 넣어 짓는 밥에는 굴밥, 연어밥, 조개밥 등이 있어. 그리고 밥을 지은 뒤 여러 재료를 섞는 밥에는 비빔밥, 산나물밥, 비빔회덮밥, 닭비빔밥, 정월 대보름날 먹는 밥으로 오곡밥, 약밥 등이 있단다.

03
우리 민족은 식물 염료를 가장 많이 썼다?

염료를 써서 옷감 등에 물을 들이는 것을 '염색'이라고 해. 자연에서 채취한 식물·동물·광물 염료를 이용하여 자연의 색상을 옷감에 옮기는 거지.

식물 염료는 식물의 잎·꽃·줄기·열매·뿌리 등에서 얻은 것이고, 동물 염료는 동물의 피·즙·조개 분비물·식물에서 기생하는 벌레 등에서 얻은 것이야. 그리고 광물 염료는 황토·적토·흑토 등에서 얻은 것이지.

우리 민족이 가장 많이 사용한 염료는 식물 염료야. 식물의 잎·꽃·줄기·열매·뿌리 등은 우리 수위에서 쉽게 구할 수 있기에 염료를 채취해서 사용했지.

염료로 쓰이는 식물은 50여 종에 이르는데, 색상별로 다양한 식물을 이용했어. 푸른 물을 들일 때는 쪽풀·닭의장풀(계장초)·소방목, 노란 물을 들일 때는 치자나무·회화나무·물푸레나무·황백나무·제비꽃·홍화·금잔화·울금나무·메밀·양파, 빨간 물을 들일 때는 꼭두서니·홍화·소방목·봉선화·소목·호장근, 녹색 물을 들일 때는 단풍나무·갈매나무·괴화·밤나무·황백, 자색 물을 들일 때는 동백·포도·소목·감·붉나무·자초, 갈색 물을 들일 때는 메밀·호두나무·상수리나무·소목·뽕나무·대추나무, 검은 물을 들일 때는 석류나무·계수나무·양매·개옻나무·밤나무, 회색 물을 들일 때는 붓

꽃·개옻나무·철쭉나무·배나무·은행나무·생강나무·철쭉나무·진달래 등을 이용했어.

염색을 할 때 염료만으로 색이 물들지 않는 경우도 있는데, 그럴 때는 염색이 잘 되도록 매염제를 사용했어. 잿물·꼬막이나 굴 껍질로 만든 석회·명반·식초 등이 그것이야.

우리나라에서는 삼한 시대부터 쪽풀을 염료로 사용했어. 변한·진한에서는 옷감을 짜서 청색 옷을 지어 입었지. 삼국 시대에는 염색 기술이 더욱 발전했어. 고구려 벽화에 그려진 인물들을 보면 청색·황색·홍색·녹색 등 다양한 색의 옷을 입고 있거든. 또한 신라에서는 품계에 따라 자색·비색·청색·황색의 옷을 입게 했고, 백제에서는 16품의 품계를 관복과 띠의 색깔로 구별했지.

고려 시대에는 삼국 시대의 염색 기술을 이어받아, 염직물을 사영 공장과 관영 공장에서 생산했어. 그리고 염색을 담당하는 도염서를 두었지. 조선 시대에는 한양에 경공장을 두어 염직물을 생산했단다.

우리 민족을 왜
'백의민족'이라고 부를까요?

우리 민족을 가리켜 흔히 '백의민족'이라고 해. 그것은 우리 민족이 오랜 옛날부터 흰옷을 즐겨 입었기 때문이야. 중국 문헌인『삼국지』「위지」'동이전'에는 "부여 사람들은 옷의 빛으로 흰빛을 숭상하여 흰색 삼베로 소매가 넓은 도포를 만들어 입었다. 바지도 흰색 바지를 입었다."고 기록되어 있어.

흰빛은 태양을 상징하는데, 민속학자 최남선은 "옛날 우리나라 사람들이 스스로 하느님의 자손임을 믿어, 태양을 상징하는 흰빛을 신성하게 여기며 흰옷을 자랑삼아 입었다."라고 했어.

흰빛은 주몽 신화에 백록(흰 사슴), 박혁거세 신화에 백마(흰 말), 김알지 신화에 백계(흰 닭)가 나올 만큼 상서로운 색이었어.

우리 민족을 '한민족'이라 하는데, 여기서 '한'은 원래 햇빛을 뜻하지. 우리 민족은 햇빛을 숭상하는 민족이기 때문에 햇빛의 색깔인 흰색을 좋아하여 흰옷을 즐겨 입었던 것이야.

흰옷은 삼국 시대 이후에도 계층에 상관없이 누구에게나 사랑받는 옷이었어. 고려 시대나 조선 시대 사람들은 사시사철 일할 때나 외출할 때 흰옷을 즐겨 입었지.

04

수로왕의 왕비 허황옥은 인도에서 시집올 때 차나무의 씨를 가져왔다?

옛날 한반도 남쪽 땅에 가락국이 있었어. 이 나라를 세운 사람은 김수로였지. 그는 왕위에 오른 지 7년이 지났지만 그때까지도 결혼하지 않아 왕비가 없었어.

신하들은 수로왕을 찾아와서 말했어.

"임금님, 왜 결혼을 안 하십니까? 왕비가 없는 나라는 우리나라밖에 없을 겁니다. 마땅한 배필이 없으시면 저희들에게 맡기십시오. 저희들의 딸 중에서 가장 아름다운 처녀를 고를 테니 왕비님으로 맞으소서."

수로왕이 단호하게 말했어.

"싫소. 나는 하늘에서 내려왔으니 내 짝도 하느님이 구해 주실 것이오. 그러니 그대들은 너무 걱정하지 마시오."

그러던 어느 날이었어. 수로왕이 신하들을 불러 명했지.

"유천간은 배와 말을 이끌고 망산도에 가서 기다리시오. 그리고 신귀간은 승점 고개에 가 있으시오."

망산도에 간 유천간은 바다를 보고 있다가 갑자기 소리쳤어.

"배가 온다! 횃불을 올려라!"

유천간은 바다 서남쪽에서 붉은 깃발을 휘날리며 오는 배를 본 거야. 그것은 허황옥 공주 일행의 배였어.

허황옥은 인도 아유타국의 공주야. 아유타국의 왕은 허황옥을 몹시 사랑하여 딸이 태어났을 때 이런 결심을 했어.

'세상에서 가장 훌륭한 신랑감을 구해 줘야지.'

그래서 언제부턴가 똑똑한 사내아이를 보면 눈여겨보는 버릇이 생겼단다.

허황옥이 열여섯 살이 되자, 왕은 사윗감을 찾아 발 벗고 나섰어. 하지만 마음에 드는 젊은이를 찾을 수가 없었지.

어느 날, 왕은 잠자리에 들었다가 희한한 꿈을 꾸었어. 하느님이 바람처럼 나타나 이렇게 말하는 것이었어.

"공주를 배에 태워 가야국으로 보내라. 가야국에는 내가 하늘에서 내려보내 임금이 된 김수로가 있다. 그는 아직 신부를 얻지 못했으니 공주를 보내 그와 결혼시켜라."

다음 날 아침, 왕은 꿈이 하도 이상해 왕비에게 그 내용을 이야기해 주었어. 그러자 왕비도 깜짝 놀라며 이런 말을 했어.

"어머나! 나도 똑같은 꿈을 꿨는데……."

그러니까 하느님은 부부의 꿈에 모두 나타난 거야.

왕과 왕비는 하느님의 뜻을 거스를 수 없었어. 그래서 허황옥을 가야국으로 보내기로 하고 항해 준비를 서둘렀어.

신보, 조광 등 왕이 가장 신임하는 신하 두 명과 그들의 아내 모정, 모량 그리고 시종, 노비 스무 명이 따라가기로 했어.

허황옥 일행은 배 안에 금은보화와 비단, 옷 등을 가득 싣고 인도를 출발했어. 아유타국에서 가야국까지는 뱃길로 2만 5천 리였지.

공주 일행이 가야국에 도착해 배에서 내리자, 그 소식이 수로왕에게 전해졌어.

"귀한 분들이 왔으니 대궐로 모셔 오너라."

수로왕의 명령에 따라 신하들이 허황옥에게 가서 그녀를 대궐로 모셔 가려고 했어. 그러자 허황옥은 엄한 표정을 지으며 말했어.

"물러가시오. 그대들이 누구인지 전혀 모르는데, 어찌 함부로 따라갈 수 있겠소?"

신하들이 수로왕에게 가서 허황옥의 말을 그대로 전했어. 그제야 수로왕은 대궐에서 나와 허황옥을 만나러 갔지. 허황옥은 수로왕을 만나자마자 정중하게 말했어.

"저는 인도의 아유타국에서 온 허황옥 공주입니다. 하느님이 부모님의 꿈에 나타나 저를 가야국 왕의 신부로 보내라 하셨습니다. 그래서 제가 이렇게 찾아왔습니다."

수로왕이 말했어.

"나는 당신이 먼 곳에서 올 줄을 미리 알고 있었소. 그렇기에 신하들의 청도 물리치고 당신만을 기다리고 있었던 거요."

수로왕과 허황옥은 바로 결혼식을 올렸어. 허황옥은 수로왕의 왕비인 허황후가 되었지.

수로왕은 허황후를 모시고 온 신보, 조광에게 살 집을 마련해 주었어. 그리고 허황후가 아유타국에서 가져온 수많은 금은보화는 창

고에 넣고 그 창고 열쇠를 허황후에게 주었지.

　허황후는 이 금은보화를 백성들을 위해 모두 썼어. 오랜 가뭄으로 굶주리는 백성들이 늘어나자 금은보화를 팔아 곡식을 마련해 백성들에게 나누어 준 거야.

　그런데 허황후가 인도에서 시집올 때 가져온 혼수품 중에는 차나무의 씨가 있었다고 해. 이능화의 『조선 불교 통사』에는 "김해의 백월산에는 죽로차가 있다. 세상에서는 수로왕의 왕비 허씨가 인도에서 가져온 차씨라고 전한다."고 기록되어 있어.

　『삼국유사』에 의하면, 신라 법민왕이 수로왕의 제사를 부활하면서 제사상에 술·떡과 함께 차를 올렸다고 해. 이는 당시 가야에서 차를 재배하여 음료로 마셔 왔음을 알려 주는 기록이지.

　김해 지역에서 출토된 가야 토기 중에는 찻잔들이 많이 포함되어 있어. 이를 보더라도 가야 사람들이 차를 즐겨 마셨음을 알 수 있지.

　허황옥은 백성들을 자식처럼 사랑했어. 모든 백성이 허황옥을 존경하고 우러러보았단다.

　수로왕은 가야국을 혼자서 다스리기가 힘에 겨웠어. 그는 허황옥에게 부탁하여 함께 나라를 다스렸지. 허황옥은 157세에 세상을 떠났는데, 백성들은 하늘이 무너진 것처럼 슬퍼했어.

　수로왕 역시 날마다 슬픔에 젖어 지내다가 그로부터 10년 뒤에 조용히 숨을 거두었지.

우리 민족은
차를 즐겨 마셨다지요?

차는 차나무의 어린잎을 따서 음료로 가공한 것이야. 물에 우려 마시거나 풀어 마시도록 되어 있지.

우리나라에 차가 처음 전해진 것은 수로왕의 왕비 허황옥이 시집올 때라고 전해지지만, 공식적으로 알려진 것은 신라 제27대 선덕 여왕 때야. 이때 당나라에서 차가 수입되어 마시기 시작했지. 그러나 차나무 종자를 당나라에서 들여와 우리나라에서 차가 생산되기 시작한 것은 신라 제42대 흥덕왕 때야. 흥덕왕 3년 (828년) 신라의 사신 대렴이 차나무 종자를 지리산에 심어 가꿈으로써 지리산 일대는 차의 본고장이 되고, 차가 전국적으로 퍼져 나가게 되었지.

우리 민족이 차를 즐겨 마신 것은 고려 시대였어. 절을 중심으로 하여 차를 마시는 풍습이 널리 퍼져, 스님들은 물론 왕실·귀족들이 차에 빠져들었어. 큰 절에는 저마다 차밭이 있었으며, 연등회·팔관회 등 국가적인 행사나 외국 사신을 접대할 때도 반드시 차를 내놓았어. 그리고 궁중에는 차에 관한 일을 맡아 보는 '다방'이라는 관청까지 생겼지.

그러나 차를 즐기는 풍습은 조선 시대에 들어 쇠퇴하고 말았어. 조선의 숭유억불 정책으로 불교가 배척을 당하자, 절은 부서지고 차밭도 사라지게 된 거야. 게다가 당시 사람들이 술을 즐겨 마시게 되어 차로부터 멀어지게 되었지. 하지만 차를 즐기는 풍습은 19세기에 들어 대흥사의 초의선사 등이 차의 재배와 보급에 힘쓴 결과 다시 살아났단다.

『동의보감』에는 "차가 머리를 맑게 해 주고 눈을 밝게 해 주며, 잠을 쫓고 독을 풀어 준다."고 했어. 실제로 차는 두통을 낫게 하고, 심장병·고혈압의 예방과 치료에 탁월한 효과가 있다고 해. 따라서 건강을 지켜 주는 최고의 음료로 일컬어지고 있지.

차를 맛있게 달이려면 우선 물이 좋아야 하고 물의 온도, 잎, 우려내는 시간, 찻그릇 등을 잘 다룰 줄 알아야 해. 옛날에 선비들은 독 아홉 개에 수질이 다른 물을 따로따로 부어 놓아 각기 다른 차 맛을 보았다고 하니 차를 끓이는 실력이 대단했지.

05

유화 부인이 비둘기 목에 보리 종자를 걸어 아들 주몽에게 보냈다?

보리는 추위에 약하다는 결점을 빼고는 아무 데서나 잘 자라고 재해에도 강해. 그래서 삼국 시대 이래로 쌀을 주식으로 삼을 수 없었던 사람들이 보리를 주식으로 삼았지. 따라서 보리는 쌀 다음으로 중요한 곡식이 되었단다.

우리나라에서는 보리가 중국에서 전해졌어. 『삼국유사』에는 기원전 1세기경 주몽이 동부여의 박해를 피해 남쪽으로 내려올 때 그의 어머니 유화 부인이 비둘기 목에 보리 종자를 걸어 보냈다는 기록이 있어. 『삼국사기』에는 고구려 산상왕 25년(221년)과 신라 지마왕 3년(114년), 내해왕 27년(222년)에 우박이 내려 보리와 콩의 피해가 많았다는 기록이 있어. 따라서 삼국 시대에 보리를 널리 재배했음을 알 수 있지.

『고려사』에는 태조 왕건의 반란으로 쫓기는 몸이 된 궁예가 배고 픔 때문에 보리 이삭을 먹다가 들켜 죽임을 당했다는 이야기가 있어. 조선 시대에 와서는 왕들이 보리밥을 즐겨 먹었는데, 그중에서도 세종은 사냥을 떠났다가 백성들을 만나면 백성들이 내놓은 보리밥을 맛있게 먹었다는구나.

하지만 보리밥이 가난한 사람들의 주식이었기 때문인지, 언제부턴가 보리는 가난의 상징이 되었어. '보릿고개'라는 말까지 생겨나 가

장 가난하고 힘든 때를 나타내는 말이 되었지. 보릿고개에 얽힌 다음과 같은 이야기가 전해지고 있단다.

옛날에 어느 어진 임금이 가장 지혜로운 사람을 나인의 우두머리로 뽑기로 했어. 임금은 나인들을 한자리에 불러 놓고 물었지.

"이 세상에서 제일 넘기 힘든 고개가 무슨 고개냐?"

나인들은 저마다 임금에게 아뢰었어.

"추풍령 고개입니다."

"대관령 고개입니다."

"문경 새재입니다."

임금은 고개를 저었어.

그때 맨 뒤에 있던 나인 한 사람이 일어나서 말했어.

"세상에서 제일 넘기 힘든 고개는 보릿고개입니다."

그러자 임금은 무릎을 탁 치며 말했어.

"옳거니, 바로 그거다. 추풍령 고개, 대관령 고개, 문경 새재…… 모두 넘기 힘든 고개임에 틀림없지만 보릿고개에 비할 수가 있겠느냐? 보릿고개야말로 가난한 백성들에게는 세상에서 제일 넘기 힘든 고개이지. 잘 대답했다. 너는 참 지혜로운 사람이로구나."

임금은 보릿고개라고 대답한 나인을 우두머리로 임명했어. 그러고는 나라에 어려운 일이 생길 때마다 그 나인에게 의견을 물어 나라를 잘 다스렸다고 해.

옛날 사람들이 가을에 추수를 하여 겨울을 나고 다음 해 봄이 되면, 양식이 떨어져 큰 어려움을 겪게 되지. 이때부터 시작해서 햇보리가 나오는 음력 4월까지는 험한 고개를 넘듯 매우 어려운 고비라고 해서 '보릿고개'라고 부른단다. '춘궁기'·'맥령기'라고도 하지.

실학자 정약용은 '보릿고개 험한 고개 태산보다 높은 고개'라고 노래했고, 학자 이학규도 '천하에 험하기로는 보릿고개만 한 것이 없다.'고 했어. 왜냐하면 그 시기가 사느냐 죽느냐 하는 매우 어려운 시절이기 때문이야.

사람들은 양식이 떨어지면 풀뿌리나 나무껍질로 끼니를 이어 가거나, 구걸 또는 빚으로 살았어. 때로는 유랑민이 되어 떠돌아다니기도 했어. 그렇게 힘들게 지내면서 보리의 수확을 애타게 기다렸지.

보릿고개는 이제 옛말이 되었지만, 일제 강점기 때와 광복 후 1950년대까지만 해도 연례행사처럼 찾아와 농민들이 그 고개 넘기가 무척 힘들었단다.

보리는 가장 오래된 농작물 가운데 하나라고요?

보리는 볏과에 속하는 한해살이 또는 두해살이풀이야. 한자로는 '대맥(大麥)'이라고 하며, 벼·밀·옥수수 다음으로 세계에서 많이 생산되는 중요한 식용 작물이지.

보리는 인류가 재배한 가장 오래된 농작물 가운데 하나로 꼽히는데, 지금으로부터 7천 년~1만 년 전에 재배가 시작된 것으로 알려져 있어.

야생 보리는 크게 여섯줄보리와 두줄보리로 나누는데, 원산지는 여섯줄보리가 중국 양쯔강 상류의 티베트 지방, 두줄보리가 카스피해 남쪽의 터키 및 인근 지역이야.

보리는 기원전 5천 년경에 이집트, 기원전 3천 5백 년경에 메소포타미아, 기원전 3천 년경에 유럽 북서부, 기원전 2천 년경에 중국으로 퍼져 나간 것으로 추측하고 있어.

우리나라에서 재배되고 있는 보리는 자란 뒤에 씨에서 껍질이 잘 떨어지지 않는 겉보리와 잘 떨어지는 쌀보리, 그리고 맥주의 원료로 쓰이는 맥주보리 등이 있어. 보리는 논이나 밭에 모두 심을 수 있는데, 맥주보리만 밭에 많이 심고, 겉보리와 쌀보리는 논에 많이 심고 있어.

옛날부터 겉보리는 경상도 지방, 쌀보리는 전라도 지방에서 주로 재배되었어. 맥주보리는 전라남도·경상남도·제주도 등지에서 재배되었는데, 현재는 대부분 전라남도에서 재배되고 있단다.

하지만 오늘날에 와서는 경제 성장으로 우리 밥상에서 밀려나 생산량이 많이 줄어들었어. 그 대신 지금은 건강식품으로 자리를 잡았는데, 보리 속에는 성인병의 예방과 치료에 좋다는 비타민이 쌀보다 많이 들어 있기 때문이야.

보리는 영양가가 높고, 단백질 함량은 밀처럼 높은 편이지. 쌀보다 값이 싸서 옛날에는 추수한 쌀이 떨어졌을 때는 보리를 먹곤 했어.

쌀보다 소화가 빠르고 특유의 구수한 맛으로 인해 보리가 들어간 가공 식품들이 많이 나와 있단다. 우리나라를 비롯한 아시아에서는 주로 식량으로 사용하고 있지.

06

칠각형의 돌 위 소나무 아래에
감춘 것을 찾아라!

고구려 제2대 유리 명왕은 고구려의 시조인 주몽의 아들이야. 주몽은 동부여에서 어린 시절을 보냈는데, 졸본 땅으로 망명을 떠나기 전에 예씨의 딸에게 장가들었지.

어느 날 어머니인 유화 부인이 주몽을 불러 말했어.

"왕자들과 여러 신하들이 너를 해치려 하니 어서 이곳을 떠나거라. 네가 가진 재주와 지혜라면 장차 큰일을 할 수 있을 것이다."

주몽은 동부여 금와왕의 아들들에게 미움을 받고 있었어. 그들은 주몽의 재주가 워낙 뛰어나자 몹시 불안해하며 그를 없앨 궁리를 하고 있었지.

주몽은 그날 밤 떠나기로 하고 세 청년을 집으로 불렀어. 오이, 마리, 협부가 찾아왔지. 이들은 주몽을 따르는 동지들이었어.

주몽은 떠나기 전에 칼을 두 동강 내어 한 동강을 어느 곳에 감춰 두었어. 그러고는 임신 중인 아내에게 말했어.

"뒷날 나에 대한 소식을 듣게 될 거요. 아들을 낳으면 나한테 보내시오. 내가 칠각형의 돌 위 소나무 아래에 감춘 물건이 있는데, 그것을 찾아 가져와야 하오. 그래야만 아들로 인정할 거요."

주몽은 작별 인사를 끝낸 뒤 세 청년과 함께 졸본 땅으로 갔어. 그리고 그곳에 나라를 세우고 임금의 자리에 앉았지. 나라의 이름을 '고구려'라 칭하고 자신의 성을 고씨라 했어.

동부여에 남은 예씨 부인은 주몽이 떠난 뒤 몇 달이 지나자 아들을 낳았어. 그러고는 주몽이 미리 지어 준 대로 아들의 이름을 '유리'라 했지.

유리는 동부여의 풍습대로 외갓집에서 자라났어. 그에게는 함께 사는 아버지가 없었기에 '아버지 없는 자식'이라고 마을에서 손가락질을 받았지.

유리도 아버지 주몽을 닮아 활을 쏘아 사냥하기를 좋아했어. 하루는 유리가 사냥을 나섰다가 우물가 나뭇가지에 앉은 참새 한 마리를 발견했지. 유리는 참새를 겨냥하여 활시위를 당겼어. 그런데 마침 물 긷는 어느 아주머니의 항아리를 쏘아 맞혔지. 항아리는 깨어져 산산조각이 났어. 화가 난 아주머니는 유리를 노려보며 이렇게 소리쳤단다.

"이게 무슨 짓이야. 아비 없이 자란 자식이라서 버릇이 없구나!"

유리는 눈물이 핑 돌았어. 아주머니가 던진 말 한마디는 유리에게 마음의 상처를 주었단다.

유리는 집으로 돌아와 눈물을 흘리며 어머니에게 물었어.

"저는 왜 아버지가 없습니까? 아버지는 어떤 사람입니까?"

어머니가 대답했어.

"네 아버지는 보통 사람이 아니시란다. 네가 내 배 속에 있을 때 동부여 왕자들의 미움을 받아 남쪽으로 내려가 나라를 세우고 왕이 되셨지. 그 나라가 바로 고구려란다."

"그게 정말이에요? 아버지가 살아 계시고 왕이 되셨다고요? 어머니, 당장 아버지를 찾아 고구려로 가겠어요."

"당연히 그래야지. 그런데 떠나기 전에 해야 할 일이 있다. 너의 아버지가 동부여를 떠나던 날 밤에 내게 '아들을 낳으면 나한테 보내시오. 내가 칠각형의 돌 위 소나무 아래에 감춘 물건이 있는데, 그것을 찾아 가져와야 하오. 그래야만 아들로 인정할 거요.'라고 부탁하셨단다."

"그래요? 아버지가 감춰 두신 물건부터 찾아야겠군요."

그날부터 유리는 주몽이 칠각형의 돌 위 소나무 아래에 감춘 물건을 찾아 나섰어.

'칠각형의 돌 위 소나무라고 했으니 산에 가면 찾을 수 있겠지?'

유리는 이런 생각을 하고 산속을 헤매 다녔어. 그러나 몇 날 며칠 소나무 숲속을 이 잡듯이 뒤져도 아버지가 말한 물건을 찾을 수가 없었어.

그러던 어느 날이었어. 그날도 산속에 갔다가 빈손으로 돌아온 주몽은 지친 몸을 집 기둥에 기대어 앉았어. 그런데 그 순간, 기둥과 주춧돌 사이에서 무슨 소리가 나는 듯했어.

'이게 무슨 소리지?'

유리는 고개를 갸우뚱하며 주춧돌 위에 서 있는 기둥을 자세히 살펴보았어.

'가만있자, 주춧돌이 칠각형이고, 그 돌 위 기둥이 소나무로 만들어졌지? 세상에, 등잔 밑이 어둡다더니 이런 사실을 까맣게 모르고 있었다니!'

유리는 기둥 아래를 조사해 보았어. 과연 그곳에는 구

멍이 있었고, 구멍 속에 손을 넣으니 부러진 칼 조각이 들어 있었어.

'아, 드디어 찾았다! 아버지가 감춰 두신 물건이야!'

유리는 크게 기뻐하며 부러진 칼 조각을 들고 고구려를 향해 떠났단다.

당시는 주몽이 나라의 기틀을 잡아갈 무렵이었어. 유리는 주몽을 만나 자신이 찾은 칼 한 동강을 보여 주었단다. 주몽은 유리가 바친 칼 한 동강을 자신이 갖고 있던 칼 동강과 맞춰 보았어. 정확히 들어맞았지.

"오, 내 아들이 틀림없구나!"

"아버지!"

주몽은 유리를 얼싸안고 감격하여 눈물을 흘렸단다.

주몽은 뒤늦게 찾은 아들을 태자로 삼았어.

기원전 19년 주몽이 마흔 살의 나이로 세상을 떠나자, 유리가 그 뒤를 이어 왕위에 올랐어. 그가 바로 고구려 제2대 유리 명왕이야. 그는 아버지의 시호를 '동명 성왕'이라고 하여 그 업적을 기렸단다.

고구려에서는 소나무가
건축물의 기둥으로 쓰였군요?

유리가 칠각형의 돌 위 소나무 아래에 감춘 칼 한 동강을 찾아 아버지를 만나러 간 이야기는 『삼국사기』에 실려 있어. 이 이야기에서 확인할 수 있는 것은, 고구려에서는 이미 소나무가 건축물의 기둥으로 사용되었다는 사실이야. 유리가 칼 한 동강을 찾아낸 주춧돌 위 기둥은 소나무로 만들어졌거든.

오랜 세월이 흘렀기 때문에 삼국 시대 목조 건축물 가운데 지금까지 남아 있는 것은 없어. 하지만 『삼국사기』를 통해 소나무가 건축물의 기둥으로 사용될 만큼 고구려 땅에서 널리 자라고 있었음을 알 수 있지.

고구려 사람들은 소나무를 '신목(神木)'으로 여겨 무덤가에 심었어. 그리고 무덤 속 벽화에도 그렸지. 6세기경에 그려진 진파리 1호분 벽화에는 소나무의 모습을 사실적으로 묘사해 놓았단다.

07

우리나라에서는 삼국 시대부터 옷감과 쌀을 화폐로 사용했다?

화폐는 상품을 교환할 때 쓰이는 물건이야. 어떤 물품의 가치를 매기거나 그 값을 치르는 도구로 이용하지. 금속이나 종이로 만들어져 사회에 유통되고 있단다.

화폐가 없던 원시 시대에는 자신이 필요한 물건은 스스로 만들어 사용했어. 하지만 생활에 필요한 물건이 늘어나면서 사람들은 그 물건을 얻기 위해 물물 교환을 했어. 이를테면 산에서 사냥을 하는 사람이 소금을 얻고 싶으면, 짐승 가죽을 들고 바닷가로 가서 염전을 하는 사람과 직접 만나 소금과 맞바꾸었지.

그러나 물물 교환은 불편한 점이 많았어. 필요한 물건을 얻으려면 먼 거리를 찾아가야 하니 시간도 많이 걸리고 힘도 드니 말이야. 그래서 모든 사람이 얻고 싶어 하는 옷감·쌀·소금·짐승 가죽 등을 화폐로 사용하기 시작했어. 이 물품들을 '물품 화폐'라고 해.

우리나라에서는 삼국 시대부터 베·비단·모시 등의 옷감과 쌀을 화폐로 사용했어. 고조선 시대와 삼한 시대에 동전·철전, 동옥저와 신라에서 금·은 무문전 등을 사용했고, 고려 시대에 건원중보·해동통보·동국통보·동국중보·삼한중보·해동중보 등이 만들어졌지만 화폐는 활발하게 유통되지 못했어. 경제 규모가 작고 옷감과 쌀이 물품 화폐로서 널리 사용되었기 때문이야.

조선 시대에 들어와서도 종이돈인 저화를 비롯하여 조선통보·십전통보 등이 만들어져 유통되었어. 하지만 조선 초기에도 여전히 옷감과 쌀 같은 물품 화폐가 널리 사용되고 있어 저화나 금속 화폐를 많이 사용하지 않았단다.

연산군 10년(1504년)에는 이런 일이 있었어. 정승 출신인 윤필상이 연산군의 어머니 폐비 윤씨를 죽이는 일에 동조했다는 죄로 붙잡혀 처형을 당했어. 그의 재산은 나라에 몰수되었지. 그때 윤필상의 집 창고에는 무명이 잔뜩 쌓여 있었어. 모두 1천여 동으로, 무명이 5만여 필에 이르는 어마어마한 분량이었어.

윤필상이 이렇게 많은 옷감을 보관한 것은 당시에 무명을 화폐로 사용했기 때문이야. 무명만 있으면 무슨 물건이든 살 수 있었거든. 따라서 높은 벼슬아치들은 창고에 무명을 쌓아 놓고 교환 수단으로 사용했지.

물품 화폐로 쓰이는 옷감은 15세기까지는 삼베였어. 그러다가 그 뒤로 무명이 널리 보급되면서 화폐로 사용했어.

쌀도 같은 물품 화폐이지만 너무 무거워 사용하기 불편했어. 그래서 가볍고 운반하기 쉬운 삼베나 무명이 널리 사용되었지.

화폐로 사용되던 거친 무명을 '추포'라고 하는데, 조선 후기에 와서 화폐 가치가 떨어졌어. 추포 한 필이 쌀 한 말 값도 안 되고 나중에는 땔나무 한 바리나 막걸리 한 병도 못 살 정도가 되었지. 그러자

사람들이 무명 대신 쌀을 이용했는데, 앞서 말했듯이 쌀은 무명보다 무겁고 운반하기 힘들어 사용하기 불편했어.

그럴 때 만들어진 것이 금속 화폐인 상평통보야. 상평통보는 우리나라 화폐 가운데는 처음으로 전국적으로 유통되었어.

17세기 중엽부터 시장이 발달하여 화폐 사용이 빈번해졌고, 상평통보는 숙종 4년(1678년)부터 고종 25년(1888년)까지 2백여 년 동안 널리 유통되었단다.

상평통보를
왜 '엽전'이라 부를까요?

상평통보는 조선 숙종 때부터 고종 때까지 쓰였던 금속 화폐야. 우리나라 화폐 가운데는 처음으로 전국적으로 유통되었으며 가장 오랫동안 사용했지.

상평통보는 둥근 모양에 가운데는 네모난 구멍이 뚫려 있어. 앞면에는 상하좌우에 '상평통보'를 한 자씩 새겨 놓았으며, 뒷면에는 주화를 만든 관청의 이름을 박아 놓았지. 상평통보의 둥근 모양은 하늘을 상징하고, 가운데 뚫린 네모난 구멍은 땅을 상징한단다.

상평통보는 흔히 '엽전(葉錢)'이라고 불러. 그것은 쇳물을 부어 상평통보를 만드는 주전틀이 나무처럼 생겼고, 거기에 달린 동전들이 나뭇잎처럼 보이기 때문이야.

상평통보는 '동전'이라고도 불리는데, 구리와 주석의 합금으로 만들어서야. 크기가 다른 것이 세 종류가 있으며, 무게는 2전 5푼을 원칙으로 했어. 그러나 원료인 구리의 부족으로 상평통보의 무게는 2전, 1전 7푼, 1전 2푼으로 점점 줄어들었지.

상평통보가 만들어졌던 것은 임진왜란 등의 전쟁 비용을 치르느라 나라의 재정이 악화되었기 때문이야. 따라서 나라의 재정을 메우기 위해 화폐를 발행하게 되었던 거지.

상평통보는 처음에 호조·상평청·진휼청·정초청·사복시·어영청·훈련도감 등의 관청 및 군영에서 만들어 유통시켰어. 그러다가 각 지방 관청에서도 재정 궁핍을 면하기 위해 상평통보를 주조했단다.

상평통보는 초기에 한양 및 서북 일대에 유통되었어. 그 뒤 점차 전국으로 확대되었는데, 숙종 26년(1700년), 상평통보로 거둔 일 년 세금이 84,260냥이었다가 정조 14년(1790년)에는 409,997냥으로 늘어났어. 특히 시장의 발달로 화폐 사용이 빈번해지면서 조선 말기까지 널리 쓰이게 되었단다.

상평통보 앞면   상평통보 뒷면

08

작은 나뭇조각인 목간에
문자를 기록하다

종이가 발명되기 전에 문자를 기록하기 위해 나무로 만든 것을 '목간'이라고 해. 나무를 얇게 켜서 일정한 크기로 잘라 내 표면을 다듬은 뒤, 그 위에 붓으로 글을 적었지.

오랜 옛날에는 종이가 없었기 때문에 동물 가죽이나 비단, 토기, 천, 나무 등에 문자를 기록했어. 그런데 나무는 주위에서 쉽게 구할 수 있기에 매우 오랫동안 사용되었지. 처음에는 대나무로 만들어진 죽간이 발명되었고, 그 뒤를 이어 나무로 만들어진 목간이 나왔단다. 목간은 간편하게 사용할 수 있어 종이가 발명된 뒤에도 널리 쓰였지. 소나무·밤나무·참나무 등으로 만들어졌는데, 우리나라에서는 대부분 소나무로 만들어졌어.

목간은 오래전부터 사용되었지만 그 실물이 발견된 것은 20세기에 들어와서야. 20세기 초에 유럽의 고고 유물 탐사단이 중국에 와서 한나라 유적지인 러우란을 발굴할 때 처음으로 목간이 출토되었지. 그 뒤로 수십만 점에 이르는 목간과 죽간이 발견되었다고 해.

우리나라에서는 1975년 신라 왕궁의 후원인 경주 안압지에서 처음 목간 51점이 발굴되었어. 그 가운데는 신라 동궁의 여러 문 이름과 경비 인원, 경비원 이름이 적힌 목간, 의약 처방이 기록된 목간, 식해·가오리 등의 저장 식품을 담은 단지에 매달았던 꼬리표 목간 등이 있단다. 그 뒤로 부여 능산리 절터, 하남시 이성산성, 부여 궁남지, 인천 계양산성 등에서 수백 점의 목간이 발견되었지.

이들 목간의 공통점은 삼국 시대 유적지에서 발굴되었다는 점이야. 그리고 중국에 비해 적은 양의 목간이 발견된 것은 나무 유물이 썩지 않고 남을 수 있는, 습기가 많은 곳이 많지 않기 때문이지.

목간은 나무로 만들어졌기에 썩기 쉬워. 그래서 고대의 연못이나 우물, 도랑 등에서만 발굴되지. 왜냐하면 그 속에는 진흙이 천년 이상 쌓여 진공 상태가 되어 산소가 차단되기에 목간이 썩지 않은 채로 발견되는 거야.

2007년 충남 태안군 대섬 앞바다에서는 고려청자 2만 5천여 점이 실린 난파선이 발견되

었어. 이 배를 '태안선'이라 부르는데, 고려 인종 9년(1131년) 탐진(지금의 강진)에서 출발하여 개경(개성)을 향해 가다가 대섬 앞바다에서 침몰했던 거지.

이런 사실을 알 수 있었던 것은 배 안에서 목간 34점이 발견되었기 때문이야. 목간에는 화물의 내용과 발송자, 수취자, 운송 책임자 등이 적혀 있었어. 이를테면 청자 꾸러미와 함께 발견된 한 목간에는 앞면에 '탐진현에서 개경에 있는 대정 인수 집에 부침. 도자기 한 꾸러미.'라고 하고, 뒷면에는 '배에 싣는 것을 맡아 함. 장, 수결'이라고 했지. 대정은 고려 시대 최하급 무관 벼슬이고, 인수는 그 벼슬아치 이름이야. 장은 고려 시대 지방 향리의 수장인 호장을 뜻하지.

태안선에서 발견된 목간은 고려 시대 최초의 목간이어서 학계의 주목을 받았어. 그 뒤로 태안군 마도 앞바다에서 마도 1, 2, 3, 4호선이 발굴되었어. 고려 시대의 배인 마도 1~3호선에서는 고려 시대의 목간이, 조선 시대의 배인 마도 4호선에서는 조선 시대의 목간이 발견되었지.

죽간은
어떻게 만들어졌어요?

죽간은 대나무 마디를 잘라 낸 뒤, 마디 사이의 부분을 세로로 쪼갰어. 그러고는 글씨 쓰기 좋게 하고 벌레 먹는 것을 막기 위해 대나무패를 불에 쬐어 기름을 뺐지.

크기는 대개 세로 20~25센티미터, 너비 1~3센티미터로 만들었어. 죽간에 써 넣을 수 있는 글자는 30~40자쯤 되었지. 죽간 여러 개에 구멍을 뚫어 가죽 또는 비단으로 된 끈으로 이어서 사용했어. 한자 '책(册)'은 그 모양에서 유래하며, 그렇게 엮어 만든 죽간을 '책'이라고 불렀지.

종이가 발명되기 전에는 중국에서 죽간과 비단이 사용되었어. '죽백'이란 말이 있는데, 여기서 죽은 대나무, 백은 비단을 뜻하지. 비단이 비싸기 때문에 값이 싼 대나무가 널리 사용되었단다. 대나무로 만든 패찰을 '간(簡)'이라고도 하는데, 현재 남아 있는 죽간으로는 전국 시대의 초간(楚簡)이 있어.

09

미추왕과
귀에 댓잎 꽂은 병사들

신라 제13대 미추왕은 김알지의 7대손이야. 박씨와 김씨가 이끌던 신라 왕실에 김씨로서는 처음으로 왕위에 올랐지. 제12대 첨해왕이 갑자기 세상을 떠난 뒤 신하들의 추대로 왕이 되었어.

미추왕은 백성을 먼저 생각하는 임금이었어. 당시에 백성들은 관청이나 귀족들에게 끌려 나가 부역을 하느라 모진 고통을 겪고 있었지. 미추왕은 이 사실을 알고 미추왕 11년(272년) 2월, 신하들에게 명령했어.

"백성들을 사사로이 부역에 동원하지 말라. 농사일을 하느라 바쁜 백성들을 함부로 부려 먹어서야 되겠느냐? 농사에 해가 되는 일을 모두 없애도록 하라."

미추왕의 명령으로 부역이 사라지자 농사일 때문에 힘들었던 백성들은 뛸 듯이 기뻐했단다.

미추왕 15년(276년) 2월, 미추왕은 신하들이 궁궐을 다시 짓자고 청하자 고개를 가로저었어.

"궁궐을 다시 지으려면 백성들을 동원해야 하는데 어떻게 백성들의 노동력을 착취할 수 있겠느냐?"

미추왕은 신하들의 제의를 한마디로 거절했어. 그가 다스리는 동안에는 백성들이 부역에 동원되지 않고 농사일에 전념할 수 있었단다.

미추왕이 이처럼 백성들의 편에 서서 나랏일을 하자, 백성들은 그를 사랑하고 존경했어. 미추왕이 세상을 떠난 뒤에도 백성들은 여전히 미추왕을 믿고 따랐어. "임금님의 신령이 이 나라를 지켜 주실 거야."라고 말할 정도였지.

그런데 신라 제14대 유례왕 때는 이런 일이 있었단다.

유례왕 14년(297년) 정월, 이서국 사람들이 신라로 쳐들어왔어. 이서국은 지금의 경상북도 청도에 있던 작은 나라였는데 군사를 일으켜 금성(경주의 옛 이름)을 공격한 거야.

"큰일 났습니다! 이서국 병사들이 물밀듯이 쳐들어와 도성을 공격합니다."

"앉아서 당할 수야 없지 않으냐? 대군을 줄 테니 나가서 적군을 물리쳐라!"

"예, 대왕마마!"

대장군은 대군을 이끌고 나가 이서국 병사들과 맞서 싸웠단다. 하지만 이서국 병사들이 어찌나 강한지 도저히 물리칠 수가 없었다는구나. 시간이 흐를수록 전세는 신라군에게 불리하게 전개되었지.

그런데 그때 놀라운 일이 벌어졌어. 어디선가 갑자기 한 무리의 병사들이 나타나 신라군을 도운 거야.

"앗, 저 병사들이 누구지?"

"모두들 귀에 대나무 잎을 꽂고 있네."

"우리를 도와주고 있잖아!"

정체 모를 병사들은 용맹무쌍했어. 이서국 병사들은 그들의 적수가 되지 못했지.

"저들이 누구냐? 귀신이야, 사람이야?"

"도저히 당할 수가 없어!"

이서국 병사들은 얼마 버티지 못하고 달아나기 시작했어. 신라군 병사들은 귀에 대나무 잎을 꽂은 병사들과 힘을 합쳐 이서국 병사들을 모조리 물리쳤단다.

"만세! 우리가 이겼다!"

신라군 병사들은 일제히 함성을 지르며 기뻐했어.

그런데 돌아보니 자기들을 도왔던 정체 모를 병사들이 어느새 사라지고 없는 거야.

그 대신 미추왕릉 앞에 대나무 잎만 수북이 쌓여 있을 뿐이었어. 그제야 신라군 병사들은 귀에 대나무 잎을 꽂은 병사들이 미추왕의 신령이 보낸 병사들임을 깨달았지.

"역시 미추왕께서 우리를 구해 주셨어. 살아 계실 때도 그토록 우리 백성들을 사랑하시더니……"

이 소식은 유례왕에게 전해졌어. 유례왕은 미추왕릉을 찾아가서 제사를 아주 성대하게 올렸지. 이때부터 미추왕릉은 '귀에 댓잎을 꽂은 병사들이 나타난 능'이라 하여 '죽현릉(竹現陵)'이라 불리게 되었단다.

경주 미추왕릉(사적 제175호)

미추왕릉에 김유신 장군의 신령이 다녀간 적이 있었다면서요?

혜공왕 14년(779년) 4월에 있었던 일이야. 어느 날 김유신 장군의 무덤에서 회오리바람이 일더니 미추왕릉인 죽현릉 쪽으로 불어 갔어. 회오리바람 속에는 갑옷을 입은 늠름한 모습의 장군이 마흔 명의 부하들을 거느리고 있었지.

회오리바람은 죽현릉으로 들어갔어. 이윽고 무덤 속에서 통곡 소리가 들리더니 호소하는 듯한 소리가 들려왔어.

"제가 살아 있을 때는 신하로 일하며 정치를 돕고 삼국 통일을 이루었습니다. 또한 죽어서는 신령이 되어 한결같은 마음으로 나라를 지키려 했습니다. 그런데 지난 경술년(770년)에 제 자손이 억울한 누명을 쓰고 죽임을 당하였습니다. 게다가 임금과 신하들이 저의 공적을 생각하지 않으니 이제는 멀리 떠나 나라를 위해 애쓰지 않겠습니다. 대왕마마께서는 저의 마음을 헤아려 멀리 떠나도록 허락해 주십시오."

김유신이 이렇게 청하자 미추왕이 대답했어.

"그대의 마음을 모르는 바 아니나, 그대가 이 나라를 돌보지 않는다면 백성들은 어찌하겠소? 제발 멀리 떠나지 말고 예전처럼 나라를 지켜 주시오."

"아닙니다. 멀리 떠나겠습니다."

김유신은 미추왕의 설득에도 불구하고 자신의 고집을 꺾지 않았어. 세 번이나 멀리 떠나겠다고 청했지. 하지만 미추왕은 끝내 허락하지 않았단다. 그러자 회오리바람이 죽현릉에서 나와 김유신의 무덤으로 되불어 갔지.
이 일은 혜공왕에게 전해졌어. 혜공왕은 두려운 마음이 들어, 대신 김경신을 김유신 장군 무덤에 보내 사과했어. 김유신이 '경술년(770년)에 제 자손이 억울한 누명을 쓰고 죽임을 당하였다.'고 고한 일은 대아찬 김융이 혜공왕에게 반역했다가 처형당했던 일을 말하지. 그것은 억울한 죽임을 당한 일이기에 김유신의 노여움을 풀기 위해 혜공왕이 사과했던 거야.

서울 남산 공원에 있는 김유신 장군 동상

10

고구려 고분 벽화에는
왜 연꽃이 많이 그려져 있을까?

옛 고구려 땅이었던 만주와 북한에는 고구려 고분이 1만 3천여 기가 남아 있는데, 그 가운데 벽화가 있는 무덤으로 확인된 것은 106기라고 해. 4~7세기에 만들어진 이 고구려 고분 벽화는 고구려 사람들의 생활 모습이 그려져 있어 고구려를 아는 데 중요한 자료라 할 수 있지.

고구려 고분 벽화에서 흔히 찾아볼 수 있는 것이 연꽃이야. 연꽃은 무덤 벽을 가득 채우는가 하면, 벽이나 천장 등을 장식하는 데 쓰였지.

그렇다면 고구려 고분 벽화에는 왜 연꽃이 많이 그려져 있을까? 그것을 설명하기 전에 고구려에서 전해지는 연꽃에 얽힌 이야기를 들려줄게.

고구려에서는 해마다 7월 15일에 연꽃 축제가 열렸어. 고구려의 도읍지인 국내성 동쪽에는 큰 호수가 있는데, 사람들이 호수에 모여 연꽃 구경을 하며 하루를 즐겁게 보냈지. 나라에서는 이날을 중요하게 여겨 '연꽃절'이라 정했어.

연꽃 축제일은 하늘나라에까지 알려져 7월 15일이면 연꽃선자가 연꽃을 구경하러 호수로 내려왔단다.

어느 해 고구려에서 새 왕이 즉위했어. 그는 백성을 사랑하고 인자했던 전 왕과 달리, 잔인하고 무자비한 왕이었어. 말을 탈 때는 사람을 엎드리게 하고 그 등을 밟고 탔으며, 잠을 잘 때는 시종을 베개로 삼고 잤지. 아랫사람을 함부로 대하여 자기 말을 듣지 않으면 때리거나 죽이기까지 했단다.

하늘나라를 다스리는 옥황상제는 고구려 왕의 포악함을 알고 그에게 벌을 주었어. 왕이 다스리는 고구려에 재해를 내린 거야. 가뭄이 들고 홍수가 나서 농사를 망쳐 수많은 백성들이 굶어 죽었지.

그해 7월 15일 연꽃선자는 연꽃을 구경하러 호수로 내려왔어. 그는 호수를 둘러보고 깜짝 놀랐어. 백성들은 한 사람도 보이지 않고 왕과 신하들만 호숫가에 앉아 있었거든.

'이게 어찌된 일이지? 백성들이 연꽃절을 잊을 리가 없을 텐데. 나라에 무슨 일이 생겼나?'

연꽃선자는 그 이유를 알아보려고 할머니로 변했어. 그러고는 마을을 찾아다니며 사람들에게 물었지.

"오늘이 연꽃절인데 왜 연꽃 구경을 가지 않죠?"

"임금이 포악하여 하늘에서 재해를 내렸어요. 흉년으로 먹을 것이 없어 굶어 죽는 사람이 한둘이 아니에요. 이런 상황에서 무슨 마음으로 연꽃 구경을 가겠습니까?"

연꽃선자는 백성들의 사정을 알고 가슴이 아팠어.

'백성들의 말이 맞아. 양식이 없어 굶어 죽을 판인데 무슨 연꽃 구경이야? 백성들의 생계 문제를 해결해 주자. 굶어 죽게 할 수야 없지.'

연꽃선자는 호수에 핀 연꽃들을 향해 주문을 외었어. 그래서 씨를 맺어 밥 삼아 먹을 수 있게 하고, 뿌리는 채로 만들어 먹을 수 있게 했지.

그날 밤 연꽃선자는 국내성에 사는 백성들의 꿈속에 나타났어.

"어서 호수에 가세요. 연꽃 씨를 따서 밥 삼아 드시고, 연꽃 뿌리를 캐서 채로 만들어 드세요."

다음 날 아침 백성들은 연꽃선자가 알려 준 대로 바구니를 들고 호수로 갔어. 그들은 연꽃 씨를 따서 밥 삼아 먹고, 연꽃 뿌리를 캐서 채로 만들어 먹었어. 연 음식은 조금만 먹어도 배가 부르고 맛이 있었지. 이때부터 백성들은 아무도 굶주리지 않게 되었단다.

며칠 뒤 임금은 백성들이 연 음식을 먹는다는 사실을 알았어. 그래서 사람을 시켜 연꽃 씨와 뿌리를 캐 와 먹으려고 했어. 하지만 임금은 연꽃 씨와 뿌리가 돌처럼 변하여 씹을 수가 없었어.

'이상한 일이네. 백성들은 연꽃 씨와 뿌리를 맛있게 먹는다던데, 나는 왜 입안에 넣으면 돌처럼 딱딱해져 먹을 수가 없지? 으음, 이게 다 연꽃선자의 장난이야. 나를 먹지 못하게 한다면 백성들도 먹지 못하게 만들어야지.'

임금은 병사들을 불러 명령했어.

"너희들은 호숫가로 가서 모든 연꽃들을 뿌리째 뽑아 버려라."

병사들은 임금의 명령대로 호숫가의 연꽃들을 모두 뽑아 버렸단다.

그런데 다음 날 호수에는 연꽃이 피어났어. 전날보다 더 많은 연꽃이 피어났지.

임금은 이 사실을 알고 또 병사들을 불러 모든 연꽃들을 뿌리째 뽑으라고 했어. 병사들은 이번에도 임금이 시키는 대로 했지. 그러나 다음 날에는 연꽃이 다시 피어났어. 이런 일이 십여 차례 계속되자 임금은 자신의 잘못을 뉘우쳤어.

'내가 백성을 잘 다스리지 못하고 포악하게 굴어 하늘에서 재해를 내렸어.'

그제야 임금은 스스로 반성하고 백성들을 사랑하는 왕으로 변했다는구나.

백성들은 임금의 횡포에 맞서 자신들을 도와 준 연꽃선자가 너무도 고마웠어. 그래서 해마다 7월 15일이 되면 연꽃 구경만 하지 않고 향불을 피워 연꽃선자에게 제사도 지냈단다.

이때부터 연꽃을 사랑하고 숭배하는 일은 고구려 사람들의 풍습으로 자리 잡았어. 사람이 죽으면 반드시 무덤 속 벽화에 연꽃을 그려 넣게 되었다는구나.

고구려 사람들이 고분 벽화에 연꽃을 그려 넣은 까닭은 내세의 삶에 대한 기대 때문이야. 벽화에 화려한 삶의 모습을 그리는 것도 내세에 그렇게 살고 싶다는 마음 때문이지. 그런데 죽은 뒤에 다시 살아나기 위해 꼭 필요한 것이 연꽃이었어. 불교에서는 '연화 화생'이라고 하여 연꽃을 통해 다시 태어난다고 했어. 사람이 죽으면 연꽃을 타고 극락정토에서 다시 태어난다는 거야. 벽화에 연꽃을 그려 넣음으로써 내세에 대한 기원을 담은 거지.

고구려에서 전해지는 이야기에서 알 수 있듯이 우리 민족은 오랜 옛날부터 연꽃 구경을 좋아했어. 더운 여름에는 연못가에 가서 티

없이 맑은 연꽃을 봄으로써 세속에 물든 마음을 깨끗이 씻는다 하여 연꽃 구경을 '세심(洗心) 놀이'라고 했단다.

조선 시대에 한양에는 동대문·서대문·남대문 밖에 연못이 있었어. 사람들은 연못에 핀 연꽃을 보고 동인·서인·남인 등 당파의 성쇠를 가늠했다고 해. 만약에 동대문 밖 연못에 연꽃이 무성하면 동인이 득세할 거라고 여겼지. 그런데 어느 해였어. 남대문 밖 연못에 연꽃이 무성한 것을 보고 집권 세력이 불안감을 느꼈지. 앞으로 남인이 득세할 거라고 믿어 그 연못을 파 없앴다는구나.

관곡지는 조선의 명신 강희맹이 중국에서 꽃씨를 얻어 와 연꽃을 재배한 연못이라면서요?

세조 9년(1463년) 조선의 명신 강희맹이 사신으로 명나라에 갔다가 남경의 '전당지'라는 연못에 들렀어. 그 연못에는 아름다운 연꽃이 피어 있었지. 강희맹은 전당지에서 연꽃씨를 얻어와 경기도 안산군 초산면 하중리(지금의 시흥시 하중동)에 있는 연못에 심었단다.

연못에는 전당지에서 보았던 아름다운 연꽃이 피었지. 안산군은 연꽃이 만발하여 연꽃 마을이 되었고, 고을 이름도 연꽃 마을인 '연성'이라 불리었어.

관곡지는 강희맹의 사위인 권만형이 관리했어. 대대로 그의 집안에서 관곡지를 맡아 '연꽃이 성하면 권씨도 성한다.'는 말까지 생겨났지.

정조 21년(1794년)에 정조가 아버지 사도 세자의 묘인 수원 현륭원에 행차했다가 관곡지를 둘러보았어. 그는 안산 군수에게 선비들을 모이게 하여 과거 시험을 치렀지. 시제는 '강희맹이 사신으로 중국 남경에 갔다가 돌아오는 길에 전당지에서 연꽃씨를 얻어 왔는데, 그로부터 안산군을 연성이라 했다.'였어. 관곡지는 정조의 관심을 끌 만큼 아름다운 연꽃이 피는 연못이었지.

11

나무 모양의 장식이 붙어 있는 신라 금관

　금관은 우리나라를 대표하는 문화재야. 외국 사람들에게 가장 기억에 남는 문화재를 들라 하면 단연 첫손에 꼽히는 것이 바로 신라 금관이지.

　전 세계에 십여 점의 금관이 남아 있는데, 그 가운데 여덟 점이 우리나라에 있어. 여섯 점이 신라 금관이고 두 점이 가야 금관이야. 신라 금관은 국보 87호 금관총 금관, 국보 188호 천마총 금관, 국보 191호 황남대총 금관, 보물 338호 금령총 금관, 보물 339호 서봉총 금관, 그리고 교동 고분 금관 등이 있지.

　금관은 옛날 무덤에서 발견된 유물이야. 신라 금관은 경주 지역에서 발굴된 것으로 4~6세기경에 만들어진 것이야. 이 금관에는 나무 모양의 장식이 붙어 있지. 나뭇가지가 양쪽으로 마주해 있고, 가

지 끝은 각각 생명의 상징인 심장을 떠올리게 하는 하트 모양의 나뭇잎이 매달려 있어.

금관을 나무 모양으로 장식하는 것은, 기마 민족의 후예인 신라 사람들이 수목을 신성시하여 신(神)의 강림처로 생각했기 때문이래. 그래서 금관의 주인을 제사장, 즉 샤먼(무당)으로 보는데, 금관을 장식한 나무가 자작나무라는구나.

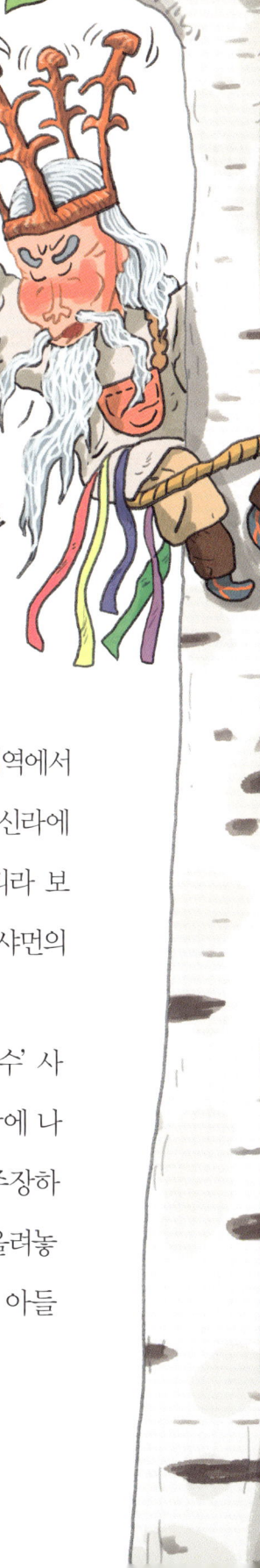

비를 내려주소서 비를 비를

자작나무는 우주의 중심에 서 있는 나무로, 이 나무를 타고 하늘로 올라갈 수 있대. 실제로 시베리아 지역에서는 샤먼이 제사를 지낼 때 자작나무에 올라간다고 해. 신라에서도 제사장, 즉 샤먼인 왕들이 자작나무에 올라갔으리라 보는 견해가 있어. 그래서 신라 금관의 기원을 시베리아 샤먼의 철제 모자로 보는 학자들도 있단다.

그러나 신라 금관은 고조선 시대부터 내려온 '신단수' 사상, 그러니까 신단수가 하늘과 땅을 연결해 준다는 생각에 나무 모양의 장식이 신단수를 나타낸 것이라고 주장하는 학자들도 있어. 임금의 머리 위에 신단수를 올려놓음으로써 왕의 권위가 하늘나라의 왕인 환인의 아들 환웅에게서 비롯된다는 것을 상징화했다는 거야.

또는 신라 금관을 장식한 나무 모양이 경주의 계림 숲을 형상화한 것이라고 말하기도 해. 김알지의 후손인 김씨들이 왕권을 강화하기 위해 계림을 신성한 숲으로 금관에 나타냈다는 거지.

신라 금관은 실제로 머리에 썼을까? 어른이 쓰기에는 작아서 어린 나이에 왕이 되었다가 죽은 사람이 썼나 추측할 수 있겠지. 하지만 금관이 만들어진 시기에 어린 나이에 죽은 왕은 없단다.

어떤 학자는 고대에 아기가 태어나면 머리를 돌로 눌러 납작하게 하여 편두를 만들었다며, 금관을 쓴 사람들이 편두가 아닐까 추측했어. 편두라면 머리가 작아 금관도 작을 수밖에 없거든.

그런데 신라 금관은 튼튼하지 못하고 장식이 많아 머리에 쓰고 활동하기에 불편해. 관테를 금못 두 개로만 고정해 놓아 조금만 움직여도 나무 모양의 장식이 꺾여 내려앉을 정도로 약하지. 그래서 신라 금관은 머리에 쓰던 장식이 아니라 죽은 사람의 무덤에 넣기 위해 만든 부장품이라는 견해도 있어. 신라 금관이 무덤 속에서 발견되었을 때 죽은 사람의 얼굴을 덮은 상태였거든. 그러니까 머리에 쓰는 관이 아니라 죽은 사람을 위한 일종의 마스크였다는 거지.

신라 금관의 주인은 누구였을까요?

신라 금관은 누가 썼을까? 당연히 왕이 썼겠지? 그런데 이제까지 우리나라 고대 무덤 가운데 왕이 밝혀진 것은 백제의 무령왕릉뿐이야. 신라 금관이 발견된 무덤도 왕의 무덤으로 밝혀진 것이 하나도 없다는구나.

황남대총은 두 개의 둥근 무덤인데, 내물왕 부부 무덤으로 추정할 뿐이야. 그리고 금관이 발견된 곳은 남자의 무덤이 아니라 남자의 부인 무덤이야. 그렇다면 이 무덤은 여왕의 무덤일까? 이 무덤이 조성된 5세기경에는 신라에 여왕이 없어 여왕의 무덤은 아니지.

만약에 이 부부 무덤이 왕과 왕비 무덤이라면, 왕비 무덤에서 금관이 발견되었으니 신라 때는 왕비도 금관을 썼다고 볼 수 있겠지?

금방울이 나왔다고 '금령총'이라 불리는 무덤에서는 금관과 함께 어린이용 허리띠가 출토되었어. 그리고 금관도 크기가 작았는데, 무덤의 주인이 왕자이고 신라 때는 왕자도 금관을 썼다고 생각할 수 있겠지?

금령총 금관

12

옛날 사람들은 왜
향나무를 땅속에 묻어 두었을까?

우리나라 사람들은 옛날부터 향을 피웠어. 제사나 불교 의식을 치를 때 으레 향로에 향을 피워 올렸지. 향으로써 신을 부르고 모시는 거야. 향을 피우면 부처님이 내려와 비는 사람의 소원을 들어준다고 했어.『삼국유사』에 보면 신라 제19대 눌지왕 때 중국 양나라에서 신라 왕실로 향을 보내 왔어. 하지만 나라 안에는 향을 어떻게 사용하는지 아는 사람이 한 명도 없었어. 그때 포교를 위해 신라에 온 고구려 스님 묵호자가 궁궐로 찾아와서 말했지.

"향을 불에 태우면 좋은 향기가 퍼집니다. 향을 피우고 정성을 다해 기도하면 신성한 곳에까지 이르러 소원을 이루게 되지요."

때마침 신라의 공주가 중병에 걸려 있었어. 묵호자의 말대로 향을 피우고 기도하니 공주의 병이 씻은 듯이 나았다고 해. 이 기록을 통해

우리나라에서는 삼국 시대부터 향을 피웠다는 사실을 알 수 있지.

옛날 사람들은 나무에서 향을 얻었는데, 주로 쓰인 나무가 향나무야. 향나무 줄기나 꽃잎을 말려 가루로 만든 뒤 향료로 사용했어.

향 가운데 최고의 향은 침향이었어. 향나무를 땅속에 오래 묻어 두면 나무의 목질부를 보호하려는 수지 성분이 생겨 단단하게 굳어져서 물속에 넣으면 가라앉게 되지. 그래서 '침향(沈香)'이라 한 거야. 침향은 태우면 향기가 좋을 뿐 아니라 그을음이 없어 불교에서는 으뜸가는 향으로 꼽았어. 침향은 약의 효험이 좋은 영약으로도 알려져 있어.

매향(埋香)은 이름 그대로 향나무를 묻는 거야. 미륵불 사상이 널리 퍼졌던 고려 말부터 1434년까지 향나무를 해안가에 묻고 비석을 세웠는데, 이 비석이 매향비야. 매향비란 향나무를 묻고 미륵불이 오기를 기원하며 세운 비문이지.

매향비는 전국에서 십여 기가 발견되었고, 비석은 없어지고 탁본만 있거나 문헌 기록 중에 나타난 것까지 합하면 이십여 기가 된다고 해. 대부분 바닷물과 민물이 만나는 해안가에서 발견되었는데, 그 이유는 불가에서 바닷물과 민물이 만나는 지점을 매향의 최적지로 꼽아 왔기 때문이지. 매향은 짧게는 50년, 길게는 천 년을 묻어 두었어. 그동안 향나무가 최고급 침향이 되리라고 생각했지. 미륵 신앙에 따라 미륵 세계가 오리라는 믿음과 함께.

신라 사람들은 향을 넣은 주머니인 향낭을 허리에 차고 다녔다면서요?

우리 나라에서는 불교가 전해지면서 향을 많이 사용했어. 향을 태우면 나쁜 냄새를 없애 주고 몸과 마음을 깨끗이 해 주어 공양구로 이용했지. 향을 주머니에 넣거나 발향, 조각향, 줄향으로 만들어 노리개처럼 차고 다녔어.

신라 사람들은 향을 매우 좋아했어. 남녀노소 가리지 않고 향을 넣은 주머니인 향낭을 허리에 차고 다녔지. 그래서 사람들은 언제나 은은한 향기를 풍겼어. 이런 풍습은 고려 시대를 거쳐 조선 시대에까지 이어졌단다.

고려를 방문한 송나라 사신 서긍이 쓴 책인 『고려도경』에는 "부인은 색깔 있는 끈에 금방울을 달고 비단으로 만든 향낭을 찬다. 이것이 많을수록 귀부인으로 여긴다."는 내용이 나오지.

조선 시대에는 여인들이 노리개로 사용하기도 하고 따로 차기도 했어. 궁궐 안에 있는 여자들은 신분이 높든 낮든 향낭을 즐겨 찼어. 상궁의 경우 향나무를 깎아 만든 향낭을 치마 속에 찼지.

일반 가정집 여자들도 향낭을 차고 다녔어. 향낭에는 주로 동물성인 사향이 담겨졌지.

13

백제 무령왕릉 목관은
일본에서 자란 금송으로 만들어졌다?

　1971년 7월 5일의 일이야. 충청남도 공주시 웅진동 송산리 고분군에서는 배수로 공사를 하고 있었어. 송산리 고분군은 백제 웅진 시대 왕들의 무덤으로 추정되는 고분이 모여 있는 곳이야. 고분군 중에 6호분과 5호분 주위에 물이 차오르자, 지하수를 막기 위한 작업이 시작된 거야.

　그런데 배수로를 파던 인부의 삽 끝에 "쨍!" 하고 단단한 물체가 부딪혔어.

　"이게 뭐지?"

　인부가 좀 더 파 보니 그것은 벽돌이었어. 곧이어 벽돌을 쌓아 만든 아치 모양의 구조물이 나타났지. 이것은 6호분이나 5호분이 아닌 또 다른 무덤이었던 거야.

무덤 속에는 묘지명인 지석이 놓여 있었어. 지석에는 이 무덤의 주인공이 '백제 사마왕', 즉 '사마'라는 이름을 가진 백제 제25대 무령왕과 왕비라고 기록되어 있었지. 1천 4백 년의 시간을 뛰어넘어 삼국 시대 왕릉의 주인공이 최초로 밝혀지고 발굴되는 획기적인 순간이었단다.

무령왕릉에는 108종 2,906점에 이르는 백제의 화려한 유물들이 묻혀 있었어. 그 가운데 12종 22점이 국보로 지정되었지.

무령왕릉에서 학자들의 관심을 끈 것은 왕과 왕비의 관이었어. 그 관은 나무로 만들어진 목관이었지. 1천 4백 년이나 흘러 심하게 파손되었지만 관재 열한 조각이 남아 있었어. 나무판자는 대개 20~30년이면 썩어 없어지는데, 나무판자 조각이 남아 있었던 것은 옻칠을 했기 때문이야.

그리고 무령왕릉을 발굴한 지 20년 만에 목재 조직학 전공인 박상진 교수에 의해 밝혀진 것은, 무령왕릉 목관이 일본에서 자란 금송으로 만들어졌다는 사실이었어. 1991년, 박상진 교수는 무령왕의 관재 조각을 입수해 현미경 접안렌즈로 들여다보았어. 그랬더니 확대된 나무 세포의 모양이 금송의 세포 모양이었다는 거야. 무령왕의 관재가 금송임을 밝혀낸 거지.

금송은 세계 어디에도 없고 오직 일본 열도의 남부 지방에서만 자라는 나무야. '햇빛이 솔잎에 비칠 때 찬란한 황금빛을 띤다.'고 하

여 지어진 이름이지. 소나무를 닮긴 했지만 소나무와는 먼 친척인 낙우송과에 속하는 침엽수야. 일본 사람들은 금송을 '고우야마끼'라고 부르는데, '고야산에서 자라는 큰 나무'라는 뜻이야. 그 이름대로 키 수십 미터에 지름이 두세 아름이나 되는 큰 나무이지. 잘 썩지도 않고 습기에 강하며 약간의 향기도 있는 최고급 나무야. 일본에서는 나무통이나 배, 왕궁의 기둥, 귀족과 임금의 관 등을 만드는 데 쓰였지.

그렇다면 우리나라에서 자라지 않는 금송이 어떻게 일본에서 수입되어 무령왕릉 목관을 만드는 데 쓰였을까? 그에 대해 한 일본인 학자는 당시에 백제와 일본 사이에 밀접한 교류가 있었기 때문이라고 설명했어. 일본은 선진국 백제로부터 문물을 받고 은혜의 보답으로 자진해 금송 관재를 보냈다는 거야.

무령왕릉 목관 판자 조각이 썩지 않고 남아 있었던 것은 옻칠을 했기 때문이라면서요?

옻칠은 물건에 색깔을 입히거나 보호를 위해 표면에 바르는 것을 말해. 우리나라에서는 청동기 시대부터 옻칠을 했는데, 가구·미술·공예품 등의 도료로 사용했지.

백제 무령왕릉 목관 판자 조각이 썩지 않고 남아 있었던 것은 당시 목관에 옻칠을 했기 때문이야. 그만큼 우리나라 옻칠의 품질이 우수하고 탁월했지.

옻은 옻칠과 황칠이 있는데, 옻나무와 황칠나무에서 채취한 거야. 백제는 특히 황칠이 유명해서 당나라 태종이 백제에 사신을 보내 황칠을 구하여 갑옷에 칠했다고 해.

신라에는 옻칠을 맡은 칠전이란 관청이 있었어. 그리고 고려에는 중상서, 군기감에, 조선에는 경공장, 외공장에 칠장이 있었단다.

옻칠은 우리나라와 중국, 일본에서 예로부터 도료로 널리 사용했어. 요즘은 생산량이 많지 않고 비싸기 때문에 주로 미술·공예품 등의 도료로 쓰이고 있지.

14

당나라 황제가 벌이나 나비가 없는
모란꽃 그림을 신라에 보낸 이유

신라 제26대 진평왕에게는 세 딸이 있었어. 맏딸은 신라의 첫 여왕이자 우리나라 첫 여왕이 되는 덕만 공주이고, 둘째 딸은 뒷날 임금이 되는 김춘추(태종 무열왕)를 낳은 천명 공주이며, 셋째 딸은 백제 제30대 무왕(서동)과 결혼하는 선화 공주야.

그 가운데 맏딸 덕만 공주는 어려서부터 백성을 남달리 사랑하고 매우 지혜롭고 총명했어.

어느 해 여름, 신라 서쪽 지방에서 물난리가 났어. 3만여 채의 집이 물에 잠겼으며, 2백여 명이 물에 빠져 죽었지. 집을 잃어 거리에 나앉은 수재민이 수만 명이었어. 이들은 당장 먹을 양식이 없어 굶주림에 시달려야 했어.

덕만 공주는 수재민들에 대한 소문을 들었어. 그들의 처지를 생각하니 도저히 밥을 먹을 수가 없었단다.

저녁상에 앉아서도 공주가 수저를 선뜻 들지 않자 왕이 말했어.

"공주가 입맛이 없는 모양이야. 공주가 좋아하는 음식을 시켜야겠소."

왕비가 고개를 끄덕였어.

"공주야, 내일 아침은 좋아하는 불고기를 주마."

공주가 고개를 저으며 말했어.

"아니에요. 그러실 필요 없어요. 오늘 저는 물난리를 당한 백성들이 양식이 없어 굶고 있다는 소문을 들었어요. 그들이 아무것도 먹지 못하고 있다는 것을 생각하니 도저히 밥이 입에 들어가지 않아요."

왕은 얼굴이 후끈 달아올랐어.

"네 말을 들으니 임금인 내가 부끄럽구나. 백성들이 굶주리고 있는데 나는 아무렇지 않게 밥을 먹고 있으니……. 백성들을 생각하는 마음이 나보다 네가 낫구나. 공주야, 너무 걱정하지 마라. 물난리를 당한 백성들에게 양식을 보내 줄 테니……."

진평왕은 곧 신하들을 불러 명령했어.

"나라의 창고를 열어 물난리를 당한 백성들에게 곡식과 옷을 나누어 주어라."

신하들은 수해 지역으로 가서 수재민들에게 곡식과 옷을 나누어 주었어. 그리하여 수재민들은 굶주림을 면할 수 있었지.

진평왕 43년(621년)의 일이야.

어느 날 중국 당나라 황제 태종이 유문소라는 사신을 통해 신라로 선물을 보내 왔어. 그 선물은 비단 3백 필과 붉은빛, 자줏빛, 흰빛의 모란꽃 그림 그리고 모란 꽃씨 석 되였지.

"오, 우리나라에서는 볼 수 없는 귀한 꽃이로구나. 참으로 값진 선물이야."

진평왕은 선물을 받고 몹시 기뻐했어.

왕은 덕만 공주를 불러 모란꽃 그림을 보여 주었어.

"어떠냐? 꽃이 아주 아름답지?"

"예, 꽃이 아름답긴 합니다만……."

모란꽃 그림을 들여다보던 공주가 입을 다물었어.

"왜 그러느냐? 꽃에 흠이라도 있단 말이냐?"

왕이 다그쳐 묻자 공주가 조용히 대답했단다.

"흠이라면 큰 흠이지요. 제대로 된 꽃이라면 세 가지

를 다 갖추어야 한다고 생각해요. 우선 모양이 좋아야 하고, 그다음엔 빛깔이 고와야 해요. 그리고 향기가 좋아야 하고요."

"그렇다면 이 모란꽃에는 향기가 없단 말이냐?"

"예, 그렇습니다. 이 그림을 자세히 보세요. 꽃이 활짝 피어 있는데 벌이나 나비가 없지 않습니까?"

"으음, 정말 그렇구나."

"그것만 봐도 알 수 있습니다. 이 꽃에 향기가 없으니까 벌이나 나비가 없는 것이지요."

"허허, 듣고 보니 그렇구나."

"아바마마, 당나라 황제가 왜 벌이나 나비가 없는 모란꽃 그림을 보냈는지 아십니까? 예부터 여자는 꽃으로, 남자는 벌이나 나비로 나타내 왔지요. 제가 결혼하지 않고 혼자 사니 그것을 비웃은 겁니다."

왕은 말없이 고개를 숙였어. 모란꽃 그림이 공주를 조롱하는 물건인 줄 모르고 좋은 선물 받았다고 기뻐한 자신이 부끄러웠어.

가을이 되자 왕은 모란 꽃씨 석 되를 땅에 골고루 심게 했어.

기나긴 겨울을 나고 봄이 되자 싹이 돋았지. 드디어 5월에 크고 소담스러운 꽃이 피어났어.

왕은 정말 꽃에 향기가 없는지 냄새를 맡아 보았지.

'과연 모란꽃에 향기가 없구나. 우리 공주는 지혜롭고 현명해.'

왕은 덕만 공주의 생각이 옳음을 확인하고 거듭거듭 탄복했어.

'공주에게 왕위를 물려주자. 이만한 지혜와 총명이라면 나라와 백성을 잘 다스릴 것이다. 공주는 백성을 생각하는 마음이 나보다 지극하지 않은가.'

진평왕은 이렇게 결심하고 맏딸 덕만 공주에게 왕위를 잇게 했어. 그리하여 진평왕이 세상을 떠난 뒤 덕만 공주가 임금의 자리에 올랐는데, 그가 바로 신라 제27대 선덕 여왕이야. 우리 역사상 최초로 여자 임금이 탄생한 거야.

당나라 황제가 세 가지 색깔의 모란꽃 그림을 보낸 것은 신라에 세 여왕이 날 것을 미리 알아서라고요?

『삼국유사』를 쓴 일연은 당나라 황제가 모란꽃 그림을 신라에 보낸 이유를 이렇게 설명했어. 당나라 황제가 신라에 세 여왕이 날 것을 미리 알아서 그런 그림을 보냈다는 거야. 당나라 황제는 붉은빛, 자줏빛, 흰빛의 세 가지 빛깔 모란꽃 그림을 보냈는데, 이는 선덕 여왕·진덕 여왕·진성 여왕을 뜻한다는 거지.

하지만 덕만 공주(선덕 여왕)의 해석은 이와 달랐어. 당나라 황제가 벌이나 나비가 없는 모란꽃 그림을 보낸 것은, 덕만 공주가 결혼하지 않은 것을 비웃었다는 거지. 예부터 여자는 꽃으로, 남자는 벌이나 나비로 나타내 왔는데, 그림에 벌이나 나비가 없음이 이를 말해 준다는 거지.

그러나 위의 두 가지 이유가 아니라고 주장하는 역사학자도 있어. 덕만 공주나 일연이 '동양화 읽는 법'을 몰랐기 때문에 그런 해석을 했다는 거야.

동양화는 '보는 그림'이 아니라 '읽는 그림'이라고 하지? 어떤 대상의 아름다움만을 나타내는 것이 아니라 그 대상물 나름의 뜻을 담고 있는 그림이라는 거지. 모란꽃에 나비를 그리지 않은 것은, 모란꽃이 부귀를 상징하는 데 비해 나비는 60~80세를 뜻하기 때문이래. 모란꽃 그림에 나비를 넣으면 60~80세까지만 부귀를 누리라는 뜻이 되겠지? 중국 사람들은 더 오래오래 부귀와 장수를 누리고 싶어 해서 모란꽃 그림에 나비를 함께 그리지 않는다고 해.

15

분 화장에는 쌀·보릿가루
세수에는 녹두·콩·팥가루

화장은 화장품을 얼굴에 바르고 매만져 곱게 꾸미는 일이야. 인간은 왜 화장을 하게 되었을까? 다음의 세 가지 이유가 있단다.

첫째는 '장식설'이야. 원시 사회의 생존 경쟁에서 이긴 투사의 몸에는 승리의 상처와 피가 남아 있지. 그것은 남들에게 감탄과 존경을 불러오고 용맹의 상징이 되어 뒷날 자연스럽게 장식으로 지도자들에게 전해졌다는 거야. 즉, 알몸에 문신과 그림을 새기는 것이 화장으로 발전했다는 거지.

둘째는 '보호설'이야. 인간은 맹수나 다른 부족으로부터 자신을 보호하고 위장·은폐하기 위해 화장을 하게 되었다는 거야.

셋째는 '종교적 의식설'이야. 인간은 신에게 종교적 의식인 제사를 드리기 전에 제사장이 향나무를 태우거나 향나무 진액을 몸에

발랐어. 이것이 화장으로 발전했다는 거지.

삼국 시대 사람들도 화장을 했어. 고구려 고분 벽화에는 연지를 발라 볼을 붉게 물들인 여인을 볼 수 있어. 연지는 잇꽃의 꽃잎에서 뽑아낸 붉은 안료인데, 여자의 얼굴 화장에 쓰였어. 고구려 영양왕 21년(610년)에 승려 담징이 연지를 일본에 전했다는구나.

백제 여인들은 얼굴에 분은 바르되 연지는 바르지 않았어. 일본 사람들은 백제로부터 화장품 만드는 법과 화장술을 배웠다는구나.

신라는 고구려·백제에 비해 화장이 다양하고 화장품이 발달했어. 처음엔 쌀·기장·조 가루, 분꽃 씨 가루, 조개껍데기를 태워 빻은 가루, 백토·활석 가루 등으로 만든 백분으로 화장했지. 그러다가 납을 넣어 만든 연분을 화장품으로 사용했어. 너도밤나무·굴참나무를 태운 가루를 기름에 개어 만든 미묵으로 눈 화장을 하는가 하면, 하늘나리의 붉은 수술을 써서 색조 화장도 했단다.

고려에 온 송나라 사신 서긍은 『고려도경』에서 "고려 사람들은 짙은 화장을 하지 않아 분은 바르되 연지는 칠하지 않는다."고 기록했어. 고려 여인들이 이런 화장을 하게 된 것은, 신라가 사치로 멸망했다며 고려의 정치가들이 진한 화장을 금했기 때문이야.

조선 시대에는 화장품이 발달하여 화장품을 공급하는 '보염서'라는 관청이 궁궐 안에 있었어. 그리고 한양에 '분전'이라는 상점이 있어 화장품과 화장 도구를 살 수 있었지. 그러나 조선은 유교 사회

였기에 짙은 화장이나 요란한 치장을 경계했어.

조선 여인들이 가장 선호했던 것은 백옥 같은 피부였어. 그래서 얼굴을 하얗게 하기 위한 분 화장을 즐겼지. 분 화장은 쌀·보릿가루를 원료로 한 분으로 했단다.

분 화장을 하기 전에 누구나 정성스레 하는 것이 세수였어. 조선 시대에는 세수를 할 때 녹두·콩·팥가루나 쌀겨 등을 물과 섞어 사용했어. 녹두·팥 등을 갈아서 만든 가루를 '조두박'에 담아 썼기에 '조두'라고 불렀는데, 이 가루는 물과 섞어 문지르면 거품이 일어났지.

전라도 고부 땅에서 거둔 녹두는 때가 잘 빠져 대궐에 진상되었어. 많은 궁녀들이 이 녹두 가루를 섞은 조두로 세수를 하여, 경복궁을 끼고 흐르는 금천이 늘 뿌연 빛깔이었다는구나.

조두는 '더러움을 날려 보낸다.'는 뜻에서 '비루'라고도 불리었어. 오늘날 널리 쓰이는 '비누'가 '비루'에서 비롯되었지. '비루'는 '비노'로 불리다가 '비누'가 된 거야.

신라에서는 남자도 화장을 했다면서요?

신라 시대에 화려한 귀고리를 하고 얼굴에 화장까지 한 것은 화랑으로 뽑힌 젊은 남자들이야. 신라에서는 낭도 수천 명을 거느린 화랑을 뽑아 인재들을 양성했는데 당나라 스님이 쓴 『신라국기』에는 화랑에 대해 이렇게 적혀 있어.

귀족 출신 자제 중에 얼굴이 잘생긴 사람을 뽑아 얼굴에 분을 바르고 연지를 발라 화랑으로 받드니, 많은 무리가 그를 따르고 받들어 섬긴다.

화랑은 화장을 하고 귀고리를 다는 등 곱게 단장을 했다는 거야. 그것은 아름답게 보이기 위해서라기보다는, 우두머리로서 권력과 권위를 나타내기 위해서였지. 그러니까 귀고리와 화장은 자신의 신분을 드러내고 과시하는 수단이 되었던 것이지.

16

나무로 세워진 우리 민족 최고의 탑, 황룡사 9층탑

황룡사는 삼국 시대에 가장 큰 절이야. 그 규모가 불국사의 여덟 배에 이르렀지.

진흥왕 14년(553년) 2월, 신라 제24대 진흥왕이 궁궐 동쪽에 새 궁궐을 건축하려고 터를 닦기 시작했어. 그런데 그 터에서 황룡이 나오는 거야.

'아, 이곳은 궁궐이 아니라 부처님을 모실 자리다.'

이렇게 생각한 진흥왕은 그 터에 궁궐 대신 절을 짓기 시작했지. 이 공사는 무려 92년이나 걸렸어. 진흥왕 때 시작하여 진지왕, 진평왕을 거쳐 선덕 여왕에 이르러서야 절을 완성했거든.

황룡사 법당 앞에는 높이가 80미터인 우리 민족 최고의 탑이 세워졌는데, 이 탑이 바로 황룡사 9층 목탑이야.

이 탑을 세우게 된 데에는 다음과 같은 이야기가 전해지고 있어.

선덕 여왕 5년(636년), 신라의 자장 스님이 당나라로 유학을 떠났어. 어느 날 스님이 태화라는 연못가를 거닐고 있었는데, 갑자기 신령스러운 사람(神人)이 나타나 물었어.

"여기에 무얼 하러 오셨소?"

"깨달음을 구하러 왔습니다."

자장 스님이 대답하자 신령스러운 사람은 또 물었어.

"그대 나라에 무슨 어려운 일이라도 있소?"

"우리나라는 북으로 말갈과 닿아 있고, 남으로는 왜국과 가까이 있습니다. 또 고구려·백제가 번갈아 국경선을 넘어와 백성들이 하루도 편할 날이 없습니다."

"지금 그대의 나라는 여자를 임금으로 삼아, 덕은 있지만 위엄이 없소. 그렇기 때문에 이웃 나라에서 침략을 꾀하고 있는 것이오. 그대는 고국으로 돌아가시오."

"고국으로 돌아가면 나라에 도움을 줄 일이 있겠습니까?"

"그대 나라에 있는 황룡사를 지키는 용이 바로 나의 큰아들이오. 범왕의 명을 받아 그 절을 보호하고 있소. 절 안에 나무로 9층 탑을 세우시오. 그러면 이웃 나라들이 항복할 것이고, 9한(아홉 나라의 오랑캐)이 와서 조공하여 나라가 평안할 것이오. 탑을 세운 뒤에 팔관회를 열고 죄인들을 풀어 주면 외적이 해를 끼치지 못할 것이오. 그리고 경기 남쪽 언덕에 자그마한 절을 짓고 내 복을 빌어 주면 나 역시 그 은혜에 보답하겠소."

신령스러운 사람은 자장 스님에게 옥구슬 한 개를 주고 바람처럼 사라져 버렸어.

자장 스님이 신라로 돌아온 것은 선덕 여왕 12년(643년)이었어. 그는 선덕 여왕을 만나 자신이 겪은 일을 이야기하고 황룡사에 나무로 9층탑을 세울 것을 건의했어.

"알겠소. 그대의 말대로 황룡사에 나무로 9층탑을 세우겠소."

선덕 여왕은 신하들을 불러 9층탑을 세울 방법을 의논했어.

"탑 공사는 누가 맡는 게 좋겠소?"

선덕 여왕이 묻자 한 신하가 대답했어.

"그 일이라면 백제인 장인에게 맡겨야 합니다. 우리 신라에는 그 일을 할 만한 장인이 없습니다."

선덕 여왕은 보물과 비단을 내주며 백제로 가서 장인을 데려오도록 했어. 그리하여 '아비지'라는 장인이 일꾼 2백 명을 데리고 신라로 왔단다. 아비지는 나무를 깎고 다듬어 탑을 짓기 시작했지.

처음 탑의 기둥을 세우던 날 밤, 아비지는 이상한 꿈을 꾸었어. 자신의 고국인 백제가 망하는 꿈이었어.

'내가 왜 이런 꿈을 꾸었지? 백제가 정말 망하는 거 아닐까?'

아비지는 불길한 꿈을 꾸어 일손이 잡히지 않았어. 한동안 일을 못하고 쉬었지.

그러자 갑자기 하늘이 캄캄해지더니 온 땅이 진동했어. 그 순간, 법당 문을 열고 한 노승과 장사가 나와 탑의 기둥을 세우고 연기처럼 사라졌지.

'왜 이런 일이 생긴 걸까? 탑을 짓는 것은 하늘의 뜻인가 보다.'

아비지는 마음을 고쳐먹고 다시 일을 시작했어. 그는 마침내 선덕 여왕 14년(645년)에 탑을 완성했단다.

황룡사 9층 목탑은 높이가 80미터로, 지금의 건물로도 30여 층에 이르는 거대한 탑이야.

이 탑은 부처님이 나라를 지켜 줄 것이라는 믿음으로 세운 탑이란다. 그래서 각 층마다 신라를 둘러싼 외적들을 막겠다는 의지를 담았지. 1층은 일본, 2층은 중국, 3층은 오월(오나라와 월나라), 4층은 탁라(탐라로 지금의 제주도), 5층은 응유(백제), 6층은

말갈, 7층은 단국(거란), 8층은 여적(여진), 9층은 예맥(고구려)을 뜻하지. 신라를 위협하는 이들 아홉 나라를 막기 위해 황룡사 9층 목탑을 세운 거야.

호국 불교의 염원이 담긴 탑을 세운 덕에 신라는 삼국을 통일할 수 있었어. 660년에 백제, 668년에 고구려를 멸망시켰거든.

황룡사 9층 목탑은 신라의 3대 보물 가운데 하나로 꼽혔어. 뒷날 고려 태조 왕건이 신라를 치려 하다가 신하들에게 물었다는구나.

"신라에는 세 가지 보물이 있어 절대 침범할 수 없다고 하던데 그것이 무엇이냐?"

"예, 황룡사의 장육삼존불과 9층 목탑, 그리고 진평왕의 천사옥대입니다."

왕건은 이 말을 듣고 신라를 칠 계획을 그만두었다는구나.

황룡사 9층 목탑은 현재 남아 있지 않아. 건립된 후로 여러 번 벼락을 맞아 크게 수리하더니, 고려 고종 25년(1238년)에 몽골의 침략으로 황룡사와 함께 불에 타 버렸단다. 지금은 황룡사 절터에 주춧돌만 남아 있지.

황룡사에는 세계 최대의 종인 황룡사종이 있었다면서요?

황룡사에는 그 규모에 어울리게 세계 최대의 종인 황룡사종이 있었단다. 『삼국유사』에 의하면, "신라 제35대 경덕왕 13년(754년) 황룡사종을 만드니 무게가 49만 7581근이었다."고 해. 약 290여 톤으로, 현재 남아 있는 성덕 대왕 신종보다 네 배나 더 컸다고 하니 엄청나게 큰 덩치의 종이었지. 그런데 아쉽게도 이 종은 지금 전해지지 않고 있어. 고려 고종 25년(1238년)에 몽골군이 황룡사를 불태웠을 때 종을 배에 싣고 가다 풍랑으로 경주 앞바다에 빠뜨렸다는 거야.

그런데 이 종을, 몽골군이 고려로 쳐들어왔을 때 무기를 만들려고 녹여 버렸다거나, 숙종 6년(1101년), 화폐 주조를 건의했던 의천의 형인 숙종이 화폐를 만들려고 녹여 버렸다는 이야기도 있어.

현대에 와서 경주시는 황룡사종을 찾으려고 1982년부터 2013년까지 네 차례나 잠수부들을 동원하여 경주 앞바다를 뒤졌어. 그러나 아직까지 황룡사종을 찾지 못했다는구나.

17

마를 캐어 판 서동,
선화 공주와 결혼하다

　　신라 진평왕의 셋째 딸인 선화 공주는 어려서부터 얼굴이 아주 예뻤어. 큰딸 덕만 공주(선덕 여왕)가 총명하고 재주가 뛰어난 데 비해 선화 공주는 '세상에 둘도 없는 미인'이라고 소문이 자자했지.

　　그 무렵 백제 땅에는 '서동'이라는 총각이 살았어. '서동(薯童)'이란, '마를 캐어 파는 아이'라는 뜻이야. 서동은 마를 캐어다 팔아 생계를 꾸려 가고 있었어.

　　어느 날 서동은 선화 공주에 대한 소문을 들었어.

　　'신라의 선화 공주가 세상에 둘도 없는 미인이라고? 그렇다면 선화 공주를 아내로 삼아야겠다.'

　　서동은 결심한 뒤 머리를 깎고 신라를 향해 떠났어.

　　신라에 도착한 서동은 수도인 서라벌로 갔지. 서라벌에는 기와집들이 빽빽하게 들어서 있고, 골목마다 아이들이 신나게 뛰어놀고 있었단다.

서동은 아이들에게 다가갔어.

"얘들아, 이리 오렴. 내가 맛있는 걸 줄게."

서동은 망태기에 담아 가지고 온 마를 아이들에게 나누어 주기 시작했어.

"와, 맛있는 마다!"

"저도 주세요!"

"잘 먹겠습니다."

"고맙습니다."

아이들은 마를 받아 맛있게 먹었어. 서동은 날마다 골목을 찾아다니며 아이들에게 마를 나누어 주었어. 아이들은 서동이 나타나면 떼 지어 몰려들어 마를 받아먹었지.

그렇게 두어 달이 지났어. 서동은 아이들과 친해지자 마를 나누어 주며 이렇게 말했단다.

"얘들아, 내가 노래 하나 가르쳐 줄까?"

"무슨 노래인데요?"

"재미있는 노래야. 나를 따라 불러 보렴."

아이들은 서동 옆에 옹기종기 모여 앉았지.

서동은 아이들에게 이런 노래를 가르쳐 주었어.

선화 공주님은 남몰래 서동을 좋아하여

밤마다 서동을 안고 간다네.

　　서동에게 노래를 배운 아이들은 골목을 누비며 노래를 불렀어. 이 노래는 서라벌 전체에 쫙 퍼졌지. 나중에는 궁궐에까지 알려지게 되었어.

　　"대왕마마, 요즘 거리에 이상한 노래가 널리 불리고 있습니다. 글쎄, 선화 공주님이……."

　　"이상한 노래라니……? 선화 공주가 어쨌단 말이오? 어서 말해 보시오."

　　"선화 공주님이 밤마다 서동이라는 남자를 만나고 있답니다."

　　"그, 그게 정말인가? 어떻게 그런 일이……."

　　"행실이 좋지 않은 공주님을 그대로 둘 수 없습니다. 먼 곳으로

귀양을 보내야 합니다."

"당연히 그래야지. 이런 괘씸한 녀석 같으니……."

진평왕은 화가 나서 얼굴이 붉으락푸르락해졌어.

왕과 신하들은 선화 공주를 귀양 보내기로 결정했지.

"아바마마, 억울합니다. 저는 서동이란 사람이 누군지도 모릅니다. 그런데 어떻게 밤마다 만나 돌아다닐 수 있겠습니까?"

선화 공주는 울부짖었어. 하지만 진평왕은 공주의 말을 곧이듣지 않았어.

"아니 땐 굴뚝에 연기가 나겠느냐? 좋지 않은 행실로 우리 왕실의 명예에 먹칠을 하다니……. 듣기 싫다! 꼴도 보기 싫으니 당장 떠나거라!"

선화 공주는 귀양을 떠나게 되었어. 왕비는 노자로 쓰라며 공주에게 황금 한 말을 주었지.

"공주야, 낯선 곳에 가더라도 몸조심해라. 아버지 화가 풀리시면 그때 다시 부를 테니 꾹 참고 기다려."

"예, 어마마마. 다시 뵐 때까지 안녕히 계세요."

선화 공주는 눈물을 흘리며 왕비와 작별 인사를 나누었어.

선화 공주는 궁궐을 떠나 귀양지를 향해 출발했어.

그런데 얼마쯤 갔을까, 한 총각이 불쑥 나타나 길을 막았어.

"선화 공주님, 제가 모시겠습니다."

총각은 공주에게 절을 올리고 앞장서서 갔어.

선화 공주는 그가 누군지 몰랐어. 하지만 맑은 눈빛을 보니 나쁜 사람 같진 않고 어딘가 믿음직스러워 보였지. 그래서 말없이 총각의 뒤를 따랐어.

며칠이 지난 뒤 공주가 물었어.

"당신은 누구시길래 저를 도와주시는 거죠?"

총각이 대답했어.

"놀라지 마십시오. 내가 바로 서동입니다."

"뭐, 뭐라고요? 당신이 서동이라고요?"

선화 공주는 깜짝 놀랐단다.

"용서해 주십시오. 내가 공주님을 사랑하여 노래를 지어 퍼뜨렸습니다. 나는 공주님과 결혼하고 싶습니다."

서동은 선화 공주에게 자기 속마음을 털어놓았어. 그러자 선화 공주가 말했지.

"당신이 노래를 지어 퍼뜨렸지만, 당신과 저는 평생 함께 살아야 할 운명인가 봅니다. 앞으로는 당신의 뜻에 따르겠습니다."

서동은 선화 공주의 말을 듣고 기뻐 어쩔 줄을 몰랐어.

"고맙습니다. 내 청혼을 받아 줘서……. 나와 같이 우리나라로 갑시다."

서동은 선화 공주를 자신의 집으로 데려왔어.

공주는 서동이 매우 가난하게 사는 것을 보고 왕비가 준 황금 한 말을 꺼내 놓았어.

그러자 서동이 물었지.

"이게 무슨 물건이오?"

선화 공주가 웃으며 말했어.

"황금입니다. 이것을 팔아 살림살이를 마련하세요. 이 정도면 평생 부자로 살 수 있어요."

"농담하지 말아요. 그까짓 흔한 돌멩이가 어떻게 우리를 부자로 만든다고……."

"흔한 돌멩이라니요? 이것은 아주 귀한 금인데요."

"그런 말 하지 말아요. 난 어릴 적부터 산에 가서 마를 캤는데, 이런 것이 흙덩이처럼 쌓여 있어요."

서동의 말에 선화 공주는 눈이 휘둥그레졌어.

"정말요? 황금이 그렇게 많아요?"

"그렇다니까요."

"그럼 한 가지 부탁을 드릴게요. 그 황금을 우리 부모님이 사시는 궁궐로 보내 주세요."

"예, 그렇게 하지요."

서동은 선화 공주를 황금이 있는 곳으로 데려다주었어.

하지만 황금이 너무 많아 이것을 어떻게 서라벌로 옮길지 막막했단다.

그때 서동이 갑자기 눈을 빛내며 말했어.

"걱정하지 말아요. 황금을 옮길 좋은 방법이 생각났어요. 지명 법사님께 부탁드리면 돼요."

서동은 선화 공주를 데리고 용화산(지금의 익산 미륵산)에 있는 사자사를 찾아갔어.

"스님, 부탁드릴 일이 있습니다. 저희에게 많은 황금이 있는데, 신라 서라벌의 궁궐로 실어 보낼 수 있을까요?"

지명 법사가 웃으며 말했어.

"그 정도야 어렵지 않지요. 소승이 신통력을 부려 황금을 신라 서라벌의 궁궐로 옮겨 드리겠습니다. 걱정 마시고 부모님께 보내는 편지나 한 통 써 주십시오."

선화 공주는 그 자리에서 편지 한 통을 써서 지명 법사에게 주었어. 그러자 지명 법사는 주문을 외워 산에 있는 황금과 편지를 동시에 신라 서라벌의 궁궐로 옮겼지.

이튿날 아침이 되자, 신라 서라벌에 있는 궁궐이 발칵 뒤집혔어. 어디선가 산더미 같은 황금이 날아와 궁궐 마당에 떨어져 있었기 때문이지.

신하들은 황금 더미에서 선화 공주가 쓴 편지를 발견해 진평왕에게 전했어.

왕은 편지를 읽고 소스라치게 놀랐어.

"선화 공주가 서동과 결혼하여 이 많은 황금을 내게 보내오다니……. 우리 사위가 엄청난 부자인 모양이오."

"그렇군요. 공주가 결혼하여 행복하게 살고 있다니 정말 다행이에요."

왕과 왕비는 크게 기뻐하며 사위가 된 서동에게 감사의 편지를 보냈어.

그 뒤 서동이 백제의 왕이 되었는데, 그가 바로 백제 제30대 무왕이란다. 선화 공주도 왕비가 되어 무왕과 함께 행복하게 잘 살았단다.

이 이야기에는 마가 나오지? 선화 공주와 결혼한 서동이 마를 캐어다 파는 일을 했다고 말이야.

우리나라 사람들은 신석기 시대부터 마를 먹었다고 해. 마는 우리말로 '참마'라고도 하는데, 마와 참마를 구분하면 마는 재배종, 참마는 자생종이야. 그러니까 서동이 아이들에게 나눠 준 마는 정확히 말하면 산에서 자라는 참마라고 할 수 있겠지?

『삼국유사』에 나오는 이 이야기에서 알 수 있는 것은, 이미 백제 시대부터 사람들이 마를 캐어다 먹었고 이를 팔기도 했다는 사실이야.

그런데 『조선왕조실록』에는 숙종 15년(1689년) 1월 18일, 관노의 아들인 이동영이 숙종에게 마를 캐어다 바친 이야기가 나온단다.

숙종은 그를 가상히 여겨서 영릉 참봉이라는 벼슬을 내리게 되지. 그러자 신하들이 천한 관노의 아들이 상을 받기를 바라는 마음으로 마를 바쳤다며 영릉 참봉은 그에게 과분하다고 아뢰는 거야.

결국 이동영은 신하들 때문에 영릉 참봉에서 다른 벼슬자리로 옮기게 되었단다.

서동은 정말
마를 캐는 총각이었을까요?

서동이 선화 공주를 만나 결혼하는 이야기는 『삼국유사』에 나오지. 『삼국유사』에 따르면, 서동은 그 이름이 '장(璋)'이야. 어머니가 과부가 되어 백제의 수도 남쪽 못가에 집을 짓고 살았는데, 못 속의 용과 사랑하여 장을 낳았다고 해. 장은 어릴 적에 '서동'이라고 불리었는데, '마를 캐어다 파는 아이'라고 해서 그런 이름을 얻었지.

서동은 정말 시골에서 마를 캐어다 팔며 홀어머니를 모시고 살던 가난한 총각이었을까? 그런 총각이 어떻게 백제의 왕이 되었을까?

『삼국사기』에서는 무왕을 백제 제29대 법왕의 아들이라고 했어. 법왕은 겨우 일 년쯤 왕위에 있다가 아들 무왕에게 왕위를 물려주었지. 그렇다면 『삼국유사』에서 서동의 아버지라고 한 '못 속의 용'은 법왕이라고 볼 수 있어. 그러니까 '용'은 백제의 왕이거나, 그와 맞먹는 세력을 가진 귀족을 상징하는 것이지. 왕족이었던 서동의 아버지가 왕권 다툼에서 패해 잠시 몸을 피했다가, 서동의 어머니를 만나 서동을 낳았다고 추측할 수 있어. 그렇기에 서동은 어린 시절 아버지도 없이 홀어머니를 모시고 살며 마를 캐어다 파는 일을 했던 것이지. 그 뒤 서동의 아버지가 왕권 다툼에서 승리하여 왕위에 오르자, 서동이 그 뒤를 이어 왕이 되었던 거야.

그러나 서동이 무왕이 아니라 동성왕 또는 무령왕이라고 주장하는 학자들도 있어.『삼국사기』에는 "백제의 동성왕이 신라에 사신을 보내어 혼인을 청하니, 신라 소지왕이 이찬 비지의 딸을 시집보냈다."는 기록이 있어. 이를 근거로 하여 서동이 무왕이 아닌 동성왕이라는 것이지. 하지만 동성왕은 어린 시절을 일본에서 보냈고, 무왕보다 100여 년 전 사람이기에 무리한 주장이라 할 수 있어.

『삼국유사』에서는 서동을 백제의 무왕이라고 하면서, "무왕을 옛 책에서 '무강왕(武康王)'이라고 했으나 이는 잘못이다. 백제에는 무강왕이 없다."고 기록했어. 그런데 이를 거꾸로 인정하여 '편안할 강(康)'과 '편안할 녕(寧)'이 소리는 달라도 뜻은 서로 통하니 무령왕(武寧王)을 무강왕(武康王)으로 잘못 쓴 것이 아닐까 하는 주장도 있어. 그러나 무령왕이 신라의 진평왕보다 50~100년 전 사람이기에 설득력이 떨어져. 그런데 선화 공주가 신라 진평왕의 딸이 아니라 익산 지역 호족의 딸이었다는 주장이 있는데, 이를 받아들인다면 서동은 익산 지역 호족들의 힘을 얻어 백제의 왕이 되었다고 할 수 있어. 그가 비록 마를 캐어다 파는 가난한 신분이었다고 해도 말이야.

『삼국사기』에는 무왕이 풍채가 훌륭하고 지략이 뛰어나다고 했어. 그처럼 걸출한 인물이니 선화 공주를 꾀어 왕위에 오른 뒤, 후세에 '성군'이라 불릴 만큼 나라를 잘 다스릴 수 있었겠지.

18

만 명을 먹일 수 있는 백제의 식량 저장 창고 터에서 불에 탄 쌀·보리·콩이 발견되다

백제 의자왕 20년(660년), 신라와 당나라의 연합군이 바다와 육지를 통해 백제를 공격해 왔을 때, 의자왕은 사비성(부여)을 버리고 웅진성(공주)으로 피신했어. 이때 의자왕을 모시던 3천 궁녀들은 슬피 울며 부소산 서쪽 끝 낭떠러지 바위로 몰려갔지.

"적군에게 붙잡혀 굴욕을 당하느니 차라리 여기 백마강에 떨어져 죽자!"

궁녀들은 이렇게 결의하며 치마를 뒤집어쓰고 백마강에 몸을 던졌단다.

이 바위는 궁녀들이 떨어져 죽었다고 하여 '타사암(墮死巖)'이라 불리었지. 그런데 이들이 떨어지는 모습이 꽃잎이 지는 것 같다고 나중에 이 바위를 '낙화암(落花巖)'이라 부르게 되었어.

낙화암에서 바라본 백마강

부소산은 충청남도 부여군 부여읍 쌍북리에 있는 산이야. 백마강 기슭에 있는데, 높이가 106미터밖에 되지 않아 산이라기보다 언덕에 가까운 낮은 산이지.

그러나 부소산은 백제의 수도인 부여의 진산이 되어 옛날부터 그 이름이 널리 알려져 있었어.

부소산성은 부소산에 있는 백제 시대의 산성이야. 사적 제5호로 둘레가 2.2킬로미터에 이르지.

이 산성은 부소산 정상 부근에 머리띠를 두른 듯이 성벽을 쌓는 퇴뫼식 산성을 세우고, 다시 그 주위에 산의 능선과 계곡을 따라 성벽을 쌓는 포곡식 산성을 세웠어. 그래서 이 성을 복합식 산성이라 하지.

부소산성은 흙과 돌로 쌓았어. 이 성은 성왕 16년(538년), 백제가 웅진에서 사비로 수도를 옮겨 멸망당할 때까지 123년 동안 백제를 지킨 성이야.

이 성 안에는 '만 명을 먹일 수 있는 식량 저장 창고'라 하여 '만인창(萬人倉)'이라 불리는 창고가 있었어. 이 창고를 지키던 병사는 신라와 당나라의 연합군이 사비성으로 물밀듯이 쳐들어오자 혼자 생각했어.

'만인창이 적의 손아귀에 들어가면 안 돼. 차라리 창고를 불태워 없애자.'

병사는 창고에 불을 질렀어. 창고 안에 있던 쌀·보리·콩 등의 곡식이 모두 불타 버렸지. 창고가 얼마나 크고 곡식이 많았던지 창고는 사흘 밤낮을 불탔다고 해.

1915년에는 군창 터에서 불에 탄 쌀·보리·콩 등이 발견되었어. 그래서 이곳이 백제의 군량미를 보관했던 창고 터라는 사실을 알았단다.

국립 문화재 연구소에서는 1981년과 1982년 두 번에 걸쳐 발굴 조사를 했는데, 군창지는 가운데 공간을 동서남북으로 건물을 거느렸으며, □자 모양을 이루고 있다는 것이 밝혀졌어.

부소산성은 전쟁 등 유사시에는 군사적인 목적으로 쓰이고, 보통 때에는 왕과 귀족들이 즐기는 왕궁의 후원으로 이용했으리라 보

고 있단다. 이 성 안에는 그 밖에 임금이 날마다 올라가서 아침 해를 맞이했다는 영일루, 임금과 신하들이 달을 보며 풍류를 즐겼다는 송월대 등이 있어.

한편, 사비성에 남아 나당 연합군과 싸운 것은 의자왕의 둘째 아들인 왕자 태였어. 그러나 태는 얼마 버티지 못하고 도성을 내주고 말았단다.

얼마 뒤 의자왕이 사비성으로 돌아왔어. 그는 웅진성에서 항복했는데, 항복의 표시로 신라의 태종 무열왕과 당나라의 장수 소정방에게 술잔을 올리는 굴욕을 당했지.

이로써 678년의 역사를 자랑하던 백제가 역사의 무대에서 사라지게 되었단다.

낙화암에서 정말 3천 궁녀가 떨어져 죽었나요?

낙화암에서 떨어져 죽은 궁녀가 3천 명이었다고 하지만 이것은 사실과 다를 수도 있어. 당시 백제 왕궁에 3천 궁녀가 있었다는 기록을 찾아볼 수 없고, 백제 왕궁의 규모로 보아 3천 궁녀를 수용할 수 없기 때문이야. 그리고 우리 민속에서 '3'은 성수(聖數)이고 '천'은 대단히 많은 수를 뜻하기에 3천 궁녀는 대단히 많은 궁녀를 뜻한다고 해석하는 학자들도 있어.

부소산 아래 백마강 변에는 고란사라는 절이 있어. 이 절은 백제 말에 지었다고 하는데, 고려 현종 때인 1028년에 낙화암에서 떨어진 3천 궁녀의 넋을 기리기 위해 지었다는 설도 있어.

낙화암 위에는 '백화정'이라는 정자가 있는데, '백화(百花)'는 '백제의 꽃', 즉 3천 궁녀를 의미하지. 이 정자는 궁녀들의 혼을 추모하기 위해 1929년 군수 홍한표가 지었다고 해.

낙화암 백화정

19
대나무로 만든 신비한 피리, 만파식적

신라 제31대 신문왕은 왕위에 오른 지 2년 만인 682년, 동해 바닷가에 감은사를 세웠어. 이 절은 신문왕이 아버지 문무왕을 위해 지은 절이었어.

문무왕은 살아 있을 때 늘 이런 말을 했어.

"내가 죽으면 동해의 용이 되어 이 나라를 지키겠다. 그러니 동해에 장사를 지내게 해 다오."

아들 신문왕과 신하들은 이 유언을 받들어, 문무왕이 죽자 그를 동해에 장사 지냈어. 그의 시신을 화장한 뒤 그 유골을 바다 입구의 대왕암이란 큰 바위에 뿌린 거지.

그리고 감은사 법당의 계단 아래를 파서 동쪽으로 향하는 구멍 하나를 냈어. 용이 된 문무왕이 이 구멍을 통해 절에 들어와서 돌아다닐 수 있도록 말이야.

신문왕 2년(682년) 5월 1일, 해관을 맡은 파진찬 박숙청이 왕에게 아뢰었어.

"대왕마마, 동해에 있는 작은 산이 바다에 떠서 감은사를 향해 내려옵니다."

"참으로 이상한 일이구나. 어떻게 그런 일이 생겼지?"

신문왕은 일관 김춘질을 불러 점을 치게 했어.

김춘질이 점을 친 뒤 아뢰었어.

"돌아가신 문무 대왕께서 동해의 용이 되어 삼한 땅을 지키고 계십니다. 또한 김유신 장군은 하늘의 신이 되어 인간 세계에 내려와 있습니다. 이 두 분이 뜻을 같이하여 나라를 지킬 보물을 내려주시려 합니다. 그러니 대왕마마께서 바닷가로 가시면 반드시 큰 보물을 얻을 것입니다."

신문왕은 매우 기뻐하며 그달 7일 이견대로 가서 바다에 떠 있는 작은 산을 바라보았어.

"여기서는 산이 잘 보이지 않는구나. 네가 가까이 가서 산을 자세히 살펴보고 오너라."

신문왕은 신하 한 사람을 산으로 보내 자세히 살펴보도록 했어.

신하가 돌아와 왕에게 아뢰었어.

"산 모양이 마치 거북이 머리 같습니다. 그 위에 대나무 한 그루가 있는데, 밤에는 둘로 갈라졌다가 낮에는 하나로 합쳐집니다."

　신문왕은 그날 밤 감은사에서 묵었어. 그러고는 이튿날 날이 밝자 밖으로 나가 산을 바라보았어. 산 위에는 대나무 한 그루가 있는데, 정오쯤 되자 대나무가 하나로 합쳐졌지. 그러자 갑자기 천지가 진동하더니 비바람이 몰아치는 거야. 이런 현상은 7일 동안이나 계속되었지.

　그달 16일이 되자 바람이 잦아지고 날이 개었어. 신문왕은 배를 타고 바다를 건너 그 산으로 들어갔어. 왕이 산에 오르자 어디선가 용 한 마리가 나타나 검은 옥대를 바쳤어.

신문왕이 옥대를 받으며 용에게 물었어.

"이 산에 있는 대나무가 왜 갈라졌다 합쳐졌다 하는 거냐?"

용이 대답했어.

"손뼉도 마주쳐야 소리가 나지 않습니까? 대나무도 마찬가지입니다. 합쳐져야만 소리가 나지요. 대왕마마께서는 소리로 세상을 다스릴 테니 이는 좋은 징조입니다. 대왕마마께서 이 대나무로 피리를 만들어 불면 세상이 평안해질 것입니다. 돌아가신 문무 대왕께서 동해의 용이 되셨고, 김유신 장군은 하늘의 신이 되셨습니다. 두 분이 뜻을 같이하여 저를 시켜 이 보물을 대왕마마께 바치게 했습니다."

"그게 정말이냐?"

신문왕은 기뻐 어쩔 줄을 몰랐어. 그는 감사의 표시로 용에게 오색 비단과 금과 옥을 주었지. 그런 다음 신하들을 시켜 대나무를 베어 육지로 돌아왔단다.

배에서 내린 신문왕은 바다를 둘러보고 깜짝 놀랐어.

"맙소사! 바다에 떠 있던 산이 용과 함께 온데간데없이 사라졌구나!"

신문왕은 감은사에서 하룻밤을 더 묵고, 다음 날 대궐로 향했어. 일행은 지림사 서쪽 시냇가에 이르러 점심을 먹었지. 그때 태자 이공(효소왕)이 소식을 듣고 말을 타고 달려왔어.

"아바마마, 고생이 많으셨습니다."

태자는 신문왕에게 큰절을 올린 뒤 옥대를 찬찬히 살펴보았어.

"이 옥대는 모든 장식이 살아 있는 용으로 되어 있습니다."

"네가 그걸 어찌 아느냐?"

"제가 장식 하나를 떼어 시냇물에 넣어 보겠습니다."

태자는 옥대의 왼편 둘째 장식을 떼어 시냇물에 넣었어. 그러자 큰 용이 되어 하늘로 올라갔고, 시냇물은 연못이 되었지. 그 때문에 그 연못은 용이 나는 곳이라 하여 '용연'이라 불렀단다.

대궐로 돌아온 신문왕은 대나무로 피리를 만들었어. 그리고 그 피리를 월성 천존고에 보관했지.

이 피리는 아주 신비했어. 피리를 불면 적군이 물러가고 병이 나았어. 그뿐만 아니라 가물 때는 비가 오고, 장마 때는 비가 개며 바람과 파도가 잔잔해졌지. 그래서 이 피리를 '거센 물결을 잠재우는 피리'라 하여 '만파식적(萬波息笛)'이라 이름 붙이고 국보로 삼았단다.

만파식적은 악기로서 단군의 '천부인', 진평왕의 '천사옥대', 이성계의 '금척' 등과 함께 신성한 물건으로 꼽히지. 신문왕 때 반란 사건이 잇따라 이를 모두 평정했기 때문에, 만파식적은 신문왕의 강력한 왕권을 상징한다는구나.

대나무로 만든 악기는
어떤 것들이 있나요?

우리 고유의 악기 가운데 대나무로 만든 악기를 '죽부(竹部)'라고 해. 대금·중금·소금·단소·퉁소 등이 그것이지. 대나무는 줄기의 속이 텅 비어 있어, 이런 특징을 살려 구멍을 뚫고 입으로 부는 악기를 만들었지. 옆으로 불거나 길이로 불어 소리가 나는 악기를 '피리'라고 하는데, 오랜 옛날부터 전통 악기로 사용되었어.

대금은 거문고·가야금과 함께 널리 알려진 악기야. 고구려의 고분 벽화에도 나오는데, 중금·소금과 함께 신라 삼죽으로 일컫는 횡적(가로로 부는 피리)이야. 대금은 중금보다 굵고 길며, 소금은 중금보다 가늘고 짧지. 대금·중금·소금이 저마다 소리가 달라 신라악을 연주할 때 쓰이며 조화를 이루었지.

퉁소와 단소는 종적(세로로 부는 피리)으로, 해묵은 노란 대로 만들지. 퉁소는 고려 때부터 단소는 조선 때부터 사용되었단다.

20

"임금님 귀는 당나귀 귀!", 대나무 숲에서 들려오다

신라 제48대 경문왕은 이름이 김응렴이야. 열여덟 살에 화랑이 되었고, 스무 살이 되자 헌안왕의 명령으로 전국을 돌아다녔단다.

화랑들이 여행을 마치고 돌아오자, 헌안왕은 화랑들을 불러 잔치를 베풀었어. 그 자리에서 헌안왕은 김응렴에게 물었지.

"그대는 전국을 돌아다니면서 무엇을 보았는가?"

김응렴이 대답했어.

"저는 행실이 아름다운 세 사람을 보았습니다. 한 사람은 높은 자리에 있으면서도 자신을 낮추어 남의 앞에 나서지 않는 사람이었습니다. 또 한 사람은 부자이면서도 옷차림이 검소한 사람이었습니다. 나머지 한 사람은 존귀하고 세력이 있는데도 위세를 부리지 않는 사람이었습니다."

헌안왕은 이 말을 듣고 김응렴의 현명함에 저도 모르게 눈물을 흘렸어. 그는 김응렴의 재주를 아끼어 사위로 삼고 싶어 했지. 그래서 김응렴에게 물었지.

"내게는 두 딸이 있다. 언니는 스무 살이고 동생은 열아홉 살인데 누구를 아내로 맞이하겠느냐?"

"부모님과 상의한 뒤 결정하겠습니다."

김응렴은 부모님에게 왕의 말을 전했어. 그러자 부모님은 아주 기뻐하며 둘째 공주가 좋다는 거야. 둘째 공주가 첫째 공주보다 훨씬 아름답고 똑똑했거든. 그러나 김응렴과 가까운 흥륜사의 스님은 의견이 달랐어.

"첫째 공주와 결혼하면 세 가지 좋은 점이 있습니다. 첫째는 왕과 왕비의 뜻을 따르는 것이니 그들이 기뻐할 것이고, 둘째는 왕이 아들이 없으니 왕위에 오를 것이며, 셋째는 왕이 되고 나서 둘째 공주도 왕비로 삼을 수 있을 겁니다."

김응렴은 첫째 공주를 아내로 선택했어. 그러자 흥륜사의 스님이 말한 대로 세 가지 좋은 일이 다 이루어졌지.

헌안왕의 뒤를 이어 왕위에 오른 김응렴은 이상한 버릇이 생겼어. 침전에 뱀들을 불러들여 함께 잠을 자는 거야. 깜짝 놀란 궁인들이 뱀들을 밖으로 쫓으려고 하자 경문왕은 손을 내저으며 말했단다.

"내버려 둬라. 나는 뱀이 없으면 잘 수가 없어."

그러고는 뱀들을 가슴에 덮고 편안히 잠이 드는 거야.

그 무렵 경문왕에게는 큰 고민이 있었단다. 갑자기 귀가 쑥쑥 자라더니 당나귀 귀처럼 되었지. 이 사실은 복두(모자)를 만드는 복두장이 말고는 아무도 몰랐어.

"이 일은 너와 나만이 아는 비밀이다. 죽을 때까지 누구에게도 말해서는 안 된다. 만약에 비밀이 새어 나가면 네 목을 내놓아야 한다."

그러나 복두장이는 죽기 직전에 도림사 대나무 숲에 가서 이 비밀을 털어놓고 말았어.

"임금님 귀는 당나귀 귀다!"

그 뒤 바람이 불면 도림사 대나무 숲에서 이런 소리가 계속 들려오는 거야. 경문왕은 이 소리가 듣기 싫어 대나무를 모조리 베고 산수유나무를 심었대. 그랬더니 바람이 불면 산수유나무 숲에서,

"임금님 귀는 길다!"

라는 소리만이 울려 퍼졌다는구나.

'임금님 귀는 당나귀 귀!', 이야기에는 어떤 뜻이 숨어 있을까요?

경문왕은 왕자가 아닌 부마(왕의 사위)로서 왕위에 올랐어. 신하들의 추대를 받거나 신하들과 싸워 실권을 장악한 뒤 임금이 된 것도 아니지. 따라서 경문왕은 귀족들의 압박을 받았어. 실제로 그가 왕의 자리에 있는 동안 세 차례에 걸친 귀족들의 반란이 있었단다.

만약에 '임금님 귀는 당나귀 귀!' 이야기가 경문왕을 못마땅하게 여겼던 귀족들이 퍼뜨린 이야기였다면, 왕이 침전에 불러들인 뱀은 왕의 주변에 있는 화랑 세력을 뜻하지. 경문왕은 귀족 세력을 두려워하여 화랑 세력을 곁에 두고 왕권 강화를 목표로 강압 정치를 펼쳤어. 이 이야기는 그런 경문왕의 강압 정치를 풍자한 것이라는구나.

당나귀는 고집이 센 동물로 알려져 있어. 경문왕이 당나귀 귀를 가졌다고 하는 것은, 귀족들의 말을 듣지 않고 고집스럽게 강압 정치를 벌이는 것을 말하지. 그리고 대나무 숲을 벤 것은 언론을 통제하는 것을 뜻한단다.

경문왕이 다른 사람들보다 귀가 커서 당나귀 귀를 가졌다는 소문이 돌았겠지. 하지만 그가 백성들의 소리를 듣지 않고 독재 정치를 해서 이런 이야기가 생겼다고 말하는 사람들도 있어. 당나귀 귀 이야기는 경문왕의 독재 정치를 비꼬았다는 거야.

21

신라의 서라벌에는 부자들이 살아서
초가집이 한 채도 없다?

　　초가집은 볏짚·갈대·밀짚 등을 재료로 지붕을 이어 지은 집이야. 초가집이라고 하면 대부분 볏짚으로 지붕을 얹은 집을 말하지.

　　초가집은 우리나라에서 집이 생길 때부터 있었던 우리 민족 고유의 옛집이야. 중국 문헌인 『구당서』에는 "고구려 사람들은 살림집을 반드시 산곡에 짓는데 대부분 이엉을 지어 지붕을 만든다. 다만 부처를 모신 절이나 신묘·왕궁·관청의 집들은 기와를 얹었다. 가난한 백성들은 겨울에 모두 구들을 설치하고 불을 지펴 따뜻하게 난방한다."고 기록되어 있어.

　　그리고 『삼국사기』와 『삼국유사』에는 서라벌에 부자들이 살아서 초가집이 한 채도 없다고 했어. 이러한 기록으로 미루어 볼 때 이미 삼국 시대에 초가집이 일반 백성들이 널리 이용했던 살림집이었음을 알 수 있단다.

　고려 시대뿐만 아니라 조선 시대에도 일반 백성들의 집은 초가집이었어. 큰 기와집에 돈 많은 양반들이 살았다면, 대부분의 가난한 백성들은 초가집에서 살았지. 그래서 가난한 사람들이 사는 집이라는 뜻인 '초가삼간'이라는 말까지 생겨났단다.

　사람들이 초가집을 널리 짓게 된 것은 벼농사가 시작된 삼국 시대부터라고 해. 초가집은 농사를 짓고 남은 볏짚으로 지붕을 얹기 때문에 누구나 쉽게 만들 수 있는 장점이 있어. 그리고 속이 빈 볏

짚은 그 안에 공기를 품고 있어 여름엔 햇빛을 막아 주고, 겨울엔 집 안의 열이 밖으로 나가는 것을 막아 주지. 그래서 볏짚으로 만든 지붕은 여름에는 시원하고 겨울에는 따뜻하지. 그뿐만 아니라 볏짚의 표면은 물이 잘 스며들지 않아 지붕은 비가 새지 않아.

초가지붕에는 굼벵이·참새 등이 살아, 지네·모기 등의 해충을 잡아먹지. 더러는 구렁이도 살아 참새를 잡아먹기도 하는데, 사람들은 구렁이를 '집 지킴이'로 받들어 모신단다.

하지만 초가지붕은 불이 나면 금방 타고 썩기 쉬워 해마다 한 번씩 바꿔 주어야 하는 단점이 있어. 그래도 볏짚은 농사만 끝나면 쉽게 구할 수 있기에 가난한 백성들에게는 초가집이 괜찮은 살림집이었지.

초가집은 1970년대에 새마을 운동이 벌어지면서 우리나라에서 거의 사라졌어. 초가집을 '가난의 상징'이라고 모두 없애 버렸거든. 지금은 민속촌에나 가야 볼 수 있단다.

기와집은 기와로 지붕을 덮어 만든 집이야. 한사군을 설치한 기원전 2~1세기경 중국을 통해 기와가 우리나라에 들어오면서 기와집을 짓게 되었어.

기와집은 삼국 시대에 불교가 중국에서 전해져 절을 지으면서 널리 퍼지기 시작했어. 일반 백성들은 초가집을 짓고 살았지만 궁궐·관청·절·사당 등은 기와로 지붕을 얹었어. 그리고 부유한 왕족과 귀족들이 기와집에서 살았지.

이런 사정은 고구려·백제·신라가 비슷했어. 고구려 고분 벽화를 보면 당시에 귀족 집이 기와집이었다는 사실을 확인할 수 있어.

통일 신라 시대에 와서도 상류층은 화려한 기와집에서 살았어. 『삼국유사』에는 "제49대 헌강왕 때는 성안에 초가집이 하나도 없고 집의 처마와 담이 이웃집과 서로 잇닿아 있었다. 또 노랫소리와 피리 부는 소리가 길거리에 가득 차서 밤낮으로 끊이지 않았다."고 기록되어 있어.

『삼국유사』에 의하면 당시에 신라의 수도인 서라벌에는 17만 8천

936호의 가구가 있었다고 해. 이 큰 도시에 초가집은 단 한 채도 없고 모두 기와집이었다니, 왕족과 귀족들이 얼마나 화려한 생활을 했는지 짐작할 수 있겠지?

고려와 조선 시대에도 일반 백성들의 집은 대부분 초가집이었지만 귀족·양반들의 집은 기와집이었어. 그런데 조선 초인 태종 때 서울에는 기와집이 많지 않고 대부분 초가집이었어. 그래서 '해선'이라는 스님이 조정에 이런 제의를 했어.

"한양의 크고 작은 집들이 모두 초가집이니 중국 사신들이 와서 볼 때 아름답지 못하고, 또 불이 날까 두렵습니다. 기와 굽는 관청을 만들어 제게 맡겨 주신다면, 제가 10년 안에 성안에 있는 집들을 모두 기와집으로 바꾸겠습니다."

조정에서는 해선 스님의 제의를 받아들여 기와 굽는 관청인 '별와요(別瓦窯)'를 만들었어. 그리고 해선 스님에게 기와집 짓는 사업을 맡겼지. 이 사업은 성종 때까지 계속되었는데 적지 않은 성과를 거두었다고 해.

조선 시대에 상류층 양반들은 행랑채·사랑채·안채 등을 갖춘 독립된 기와집에서 살았어. 그 규모가 상당해서 2품 이상의 벼슬아치는 마흔 칸, 3품 이하의 벼슬아치는 서른 칸의 집이었지.

기와는 흙을 빚어 가마에서 구워냈기에, 기와로 지붕을 이으면 반영구적으로 사용할 수 있어. 그리고 볏짚으로 이은 지붕보다 깨끗하고 썩거나 불에 탈 위험도 없어.

 그러나 기와가 몹시 무겁기에 지붕을 받치는 기둥과 벽은 튼실하게 만들어야 했어. 또, 기와가 무척 비쌌기 때문에 시골에서는 기와집에 사는 사람이 백에 한둘밖에 되지 않았단다.

우리나라 사람들은 통나무·너와·굴피 등 다양한 재료로 집을 짓고 살았다면서요?

우리나라 사람들은 다양한 재료로 집을 짓고 살았어. 그래서 재료에 따라 집 모양이 달랐지.

귀틀집은 '우물 정(井)' 자 모양의 틀인 '귀틀'로 통나무를 쌓아 만든 집이야. 통나무를 '우물 정(井)' 자 모양으로 벽을 쌓아 올려 지붕을 덮었지. 통나무 사이에 생기는 틈새는 진흙으로 메워 발랐어. 고구려 고분 벽화에도 그려져 있을 만큼 오래된 집이야. 볏짚이 드물고 나무가 많은 산골에서 많이 볼 수 있었어.

너와집은 너와로 지붕을 이은 집이야. 너와는 '나무널로 만든 기와'를 뜻하는데, 소나무나 참나무를 기와처럼 쪼개어 만들었어. 논이 흔하지 않아 볏짚을 구하기 힘든 강원도 산간 마을이나 함경도·평안도 지역의 화전민들이 주로 짓고 살았어. 너와로 지붕을 이은 뒤에는 군데군데 무거운 돌을 얹어 놓았어.

굴피집은 지붕을 너와 대신 참나무의 두꺼운 껍질인 굴피로 이은 집이야. 나라에서 너와를 만드는 소나무의 벌목을 금하면서 굴피집이 생겨나게 되었어. 굴피집은 20년 이상 자란 참나무의 껍질을 벗겨 지붕에 얹었는데, '기와 천 년, 굴피 만 년'이라는 속담이 있을 만큼 그 수명이 길단다. 현재는 강원도 삼척·양양 등지에 몇 채 남아 전해지고 있어.

투막집은 귀틀집을 바꾸어 만든 집이야. 태백산맥 등지에 살던 사람들이 울릉도로 옮겨와 살면서 겨울에 눈이 많이 와도 살 수 있을 만큼 튼튼하게 지었어. 벽은 통나무를 쌓아 올려 만들었지만 지붕은 억새로 촘촘히 잇고, 창문조차 만들지 않았어. 눈과 바람을 막기 위해서였지.

토담집은 흙으로 담을 쌓듯이 벽을 쌓아 올려 만든 집이야. 우리나라 농촌 마을에서 흔히 볼 수 있는 집이지.

귀틀집

너와집

굴피집

투막집

토담집

22

소나무를 많이 심으면
삼한을 통일할 왕이 태어난다?

　고려를 세운 왕건의 조상 가운데 호경이란 사람이 있었어. 그는 백두산 기슭에 살았는데 힘이 세고 활을 잘 쏘았어. 그래서 날마다 숲속을 헤매고 다니며 사냥을 했지.
　어느 날 호경은 한반도의 아름다운 땅을 두루 구경하고 싶어졌어. 그래서 백두산을 떠나 전국 방방곡곡을 돌아다녔지.
　호경은 그렇게 돌아다니다가 마음에 드는 곳이 있으면 정착하려고 했어. 그런데 경기도 개성 땅에 이르러 부소산(지금의 송악산)에 오르니 빼어난 경치가 마음에 들었지. 그리고 마을로 내려가 그 주위를 둘러보니 땅이 기름지고 자손대대로 복을 받을 만한 명당 자리였단다.
　호경은 여기에 터를 잡아 살기로 하고 부소산 기슭에 집을 지었어. 그러고는 마을 처녀를 아내로 맞아들여 행복하게 살았어.

호경은 사냥을 잘하여 살림이 넉넉했어. 자식이 없다는 것 말고는 별다른 걱정이 없었지.

하루는 호경이 마을 사람들과 평나산으로 사냥을 갔다가 날이 저물었어. 깊은 산속이어서 민가도 눈에 띄지 않았지. 그래서 이들은 굴속에서 하룻밤을 보내기로 했어.

그런데 얼마나 잤을까? 이들은 산을 뒤흔드는 울음소리를 듣고 잠이 깼어. 호랑이 울음소리였어. 호랑이 한 마리가 굴 앞에 나타난 거야. 사냥꾼들은 하얗게 질렸어. 호랑이가 굴속으로 뛰어들면 물려 죽을 것이 뻔했지.

그때 한 사냥꾼이 말했어.

"저 호랑이는 굶주린 호랑이가 틀림없소. 우리 가운데 누군가 한 사람이 호랑이 밥이 되어 줍시다. 그래야 나머지 사람들이 살 수 있을 거요."

"옳은 말이오. 누가 호랑이 밥이 될지는 호랑이에게 맡깁시다. 각자 쓰고 있는 모자를 벗어 굴 밖으로 던져, 호랑이가 물어 올리는 모자 주인이 호랑이 밥이 되는 거요."

굴속에 있는 사람은 모두 열 사람이었어. 이들은 모자를 벗어 각자 굴 밖으로 던졌어. 그러자 호랑이는 자기 발 앞에 떨어져 있는 모자들을 내려다보더니 호경의 모자를 덥석 물어 올렸어.

호경은 주먹을 불끈 쥐고 굴 밖으로 나왔어. 그런데 그 순간, 갑자기 굴이 와르르 무너졌어. 굴 안에 있던 사람들은 바위와 흙더미에 묻혀 버렸지.

호경이 정신을 차려 보니 호랑이는 어느새 사라지고 없었어. 그제야 호경은 자신이 호랑이 덕에 목숨을 건졌음을 깨달았단다.

마을로 내려온 그는 마을 사람들에게 사고 소식을 알렸어. 그러고는 마을 사람들을 데리고 산속으로 돌아왔어.

호경은 마을 사람들과 함께 사냥꾼들의 시신을 거두어 장례를 치르기에 앞서, 산신에게 정성껏 제사를 지냈어. 그러자 산신이 호경 앞에 나타났지.

"놀라지 마세요. 나는 이 산을 다스리는 산신인데, 여자의 몸으로 혼자 살아왔어요. 그대를 동굴에서 구한 것도 바로 나였어요. 그것은 그대와 부부의 인연을 맺고 싶었기 때문이에요. 제발 나와 결혼하여 이 산의 대왕이 되어 주세요."

산신은 이렇게 말한 뒤 호경을 업고 연기처럼 사라졌어.

마을 사람들은 이것을 보고 호경을 '대왕'이라 부르며, 사당을 세워 제사를 지내 주었어. 그리고 평나산은 아홉 사람이 한꺼번에 죽

었다 하여 '구룡산(九龍山)'으로 이름을 바꾸었지.

호경은 이 산의 대왕으로서 산신의 남편이 되었지만, 집에 있는 아내를 잊을 수 없어서 밤마다 몰래 찾아와 같이 지내다 오곤 했지. 그러는 동안 두 사람 사이에 아들이 태어났어. 호경은 크게 기뻐하며 아들에게 '강충'이란 이름을 지어 주었어.

강충은 아버지를 닮아 재주가 뛰어나고 힘이 좋았어. 그는 훌륭한 젊은이로 자라나 부잣집 딸인 구치의와 결혼해 두 아들을 얻었어. 큰아들이 이제건, 둘째 아들이 손호술(강보육)이었지.

강충은 부소산 북쪽에 살았는데, 신라의 이름난 지관인 팔원에게 이런 말을 들었어. 부소산 남쪽으로 옮겨와 살며 소나무를 많이 심으면 장차 삼한을 통일할 왕이 태어난다는 것이었지. 그래서 강충은 부소산 남쪽으로 이사하여 온 산에 소나무 숲을 만들고, 부소산을 송악산이라 불렀어. 부소군도 송악군(지금의 개성)으로 이름을 바꾸었지.

이 예언은 그대로 이루어졌단다. 강충의 후손들 가운데 왕건이 태어나서 고려를 세우고, 마침내 후삼국을 통일했으니 말이야.

최치원은 신라를 '누런 나뭇잎', 송악을 '푸른 소나무'라 말했다면서요?

고승 도선은 왕건의 탄생을 예언한 것으로 유명하지. 신라 헌강왕 2년(876년) 4월의 어느 날, 왕건의 아버지 왕륭이 송악 땅에 새집을 지었어. 이때 도선 스님이 그 옆을 지나가다가 집 짓는 광경을 보고는 걸음을 멈추고 혼자 중얼거렸어.
"저런, 기장을 심어야 할 땅에 삼을 심고 있으니……."
이 말을 왕륭의 아내가 우연히 듣고는 왕륭에게 그대로 전했지. 왕륭은 스님을 불러 세워 무슨 말인지 설명을 부탁했어. 그러자 도선 스님이 말했지,
"집터를 다시 잡아야겠습니다. 서른여섯 채가 들어서도록 널찍하게 잡으시오, 동쪽을 향해……. 그래야만 당신의 집안에 큰 인물이 태어납니다. 아기가 태어나면 그 이름을 '왕건'이라 하시오."
왕륭은 도선 스님이 시키는 대로 큰 집 서른여섯 채를 지었어. 그러자 스님의 예언대로 다음 해에 아기가 태어났어. 왕륭은 아주 기뻐하며 아기 이름을 '왕건'이라 지었지.

도선 스님이 말한 '마'와 '기장'은 무엇을 의미할까?
'마'는 뿌리를 약이나 식용으로 쓰고, 줄기를 옷으로 만들어 입지. 하지만 '기장'은 쌀·보리·콩·조와 함께 오곡의 하나야. 쌀과 보리를 재배하기 전에는 가장 중요한 식량이었지. 그 당시 신라 백성들은 사치와 향락에 빠진 지배 계층

때문에 배고픔에 시달리고 있었단다. 따라서 장차 태어날 왕건을 '마'가 아닌 '기장'이라 한 것은, 굶주린 백성들에게 식량을 주어 배불리 먹이겠다는 것이지. 한편, 뒷날 왕건이 고려를 세우고 일 년 뒤에 도읍을 송악으로 옮겼을 때 경주 금오산에 있던 최치원은 이런 구절이 담긴 편지를 보냈어.

계림은 누런 나뭇잎이요, 곡령은 푸른 소나무로다.

계림은 신라이고, 곡령은 송악이야. 이 말은 신라가 누런 나뭇잎으로 쇠락할 것이고, 송악을 도읍으로 정한 고려는 푸른 소나무로 강성해진다는 거지. 앞날을 내다보는 능력이 있는 최치원의 예언은 그대로 이루어졌단다.

23

홍수 피해를 막으려고
숲을 만든 최치원

　　최치원은 신라 말기의 대학자야. 열두 살에 당나라로 유학하여 6년 만에 과거를 보아 당당히 급제했지. 그 뒤 여러 벼슬을 거쳤는데, 황소의 난 때는 반란군 두목인 황소를 꾸짖는 글인 「토황소 격문」을 써서 문장가로 이름을 떨쳤어.

　　신라 헌강왕 11년(885년), 신라로 돌아온 최치원은 당나라에서 배운 학식으로 정치를 잘 해 보려고 온 힘을 쏟았어. 그러나 당시 신라는 매우 어지러웠지. 관리들의 부정부패가 심하고 백성들은 굶주림을 견디다 못해 도둑질에 나섰어.

　　최치원은 자신의 뜻을 제대로 펼칠 수가 없게 되자 스스로 태수가 되어 지방으로 내려갔단다. 그는 태인·함양·서산 등의 태수를 지냈지.

최치원이 함양 태수로 있을 때의 일이야.

경상도 함양에는 고을을 가로질러 흐르는 '위천'이란 강이 있었어. 이 강은 여름철에 비가 많이 오면 흘러넘쳐 홍수가 나곤 했는데 그럴 때면 논밭은 물론 마을이 물에 잠겨 버렸지.

함양에 부임한 최치원은 백성들이 홍수 피해를 보자 걱정이 되어 잠을 이룰 수가 없었어.

'백성들이 해마다 이런 피해를 당하니…… 홍수 피해를 막을 방법이 없을까?'

최치원은 뜬눈으로 밤을 지새며 궁리를 거듭하다가 별안간 손으로 무릎을 쳤어.

'그래, 바로 그거야. 둑을 쌓아 강물을 돌리고, 둑 위에 나무를 심는 거야. 나무를 심어 숲을 만들면 홍수 피해를 막을 수 있을 거야!'

최치원은 날이 밝자마자 마을 사람들을 동원하여 공사를 시작했어. 둑을 쌓아 강물을 돌리고 둑 위에 나무를 심었지.

둑을 따라 소나무·느티나무·떡갈나무·밤나무·이팝나무·굴참나무·층층나무·팽나무 등 다양한 종의 나무를 심어 숲을 가꾸었어. 그러고는 숲을 '대관림'이라고 불렀지. 십 리에 걸쳐 이어진 대관림은 상림과 하림으로 이루어져 있었어.

어느 날 최치원은 어머니를 모시고 상림으로 놀러갔어. 나무가 우거진 숲을 어머니와 함께 거니는데 어디선가 불쑥 뱀 한 마리가 나타났단다.

"으악!"

어머니는 뱀을 보자 까무러칠 듯이 놀랐어. 얼굴이 하얗게 질려 버렸지. 어머니의 그런 모습을 보자 최치원은 뱀을 향해 큰 소리로 외쳤어.

"앞으로는 이 숲에 뱀은 얼씬도 하지 마라!"

최치원은 소문난 효자였어. 그의 효심에 하늘이 감동했는지 그 뒤부터 상림에서는 뱀을 찾아볼 수 없게 되었다는구나.

세월이 흐르면서 하림은 거의 없어지고 상림만 남았어.

이 숲은 오늘날까지 전해지고 있는데, 우리나라 최초의 인공림으로서 그 가치가 인정되어 1962년 천연기념물 제154호로 지정되었지. 이 숲에는 현재 100여 종에 이르는 2만여 그루의 나무가 자라고 있단다.

함양에 있는 상림처럼 마을 사람들에 의해 인공적으로 만들어진 숲을 '마을 숲'이라고 해.

일제 강점기 때의 조사에 따르면 우리나라에는 1,335개의 마을 숲이 있고, 산림청의 조사에 의하면 현재 전국에 1,410개의 마을 숲이 있다는구나.

마을 숲은 그 기능에 따라 수구막이, 방풍·방수림, 방조·어부림 등이 있어.

수구막이는 풍수지리설에 따라 물이 드나드는 곳인 '수구(水口)'가 열려 있으면 마을이 허하다고 하여 마을 입구에 만든 숲이야. 빠뜨리거나 모자라는 것을 돕는다는 뜻에서 '비보림'이라고도 하지. 더러운 물이 빠지는 수구문을 가리거나 불길한 기운이 마을로 들어오는 것을 막으려고 숲을 만든 거지.

방풍·방수림은 거센 바람을 막거나 밀려오는 홍수를 막기 위해 만든 숲이야. 하천을 끼고 있는 곳에서는 하천 변에 나무를 심어 수해를 방지하고 농경지를 보호하는 거야.

방조·어부림은 바닷가 마을에서 바닷바람을 막고, 물고기를 모여들게 하려고 가꾼 숲이야. 바닷가에 바람막이숲을 만들면 바닷바람과 해일 등으로부터 마을을 보호하고 농작물 피해를 줄일 수 있지. 그리고 숲 그늘로 물고기 떼를 불러 모아 물고기들이 번식하는 데 도움을 줄 수 있단다.

담양의 관방제림도 홍수 피해를 막으려고 만든 숲이라면서요?

전라남도 담양의 관방제림은 담양읍을 휘감아 흐르는 담양천의 북쪽 언덕에 만든 숲이야. '관방제림'은 '관청에서 조성한 둑의 나무'라는 뜻이지.

이 숲을 만든 사람은 『춘향전』의 주인공인 이몽룡의 실제 모델로도 알려진 성이성이야. 그는 인조 26년(1648년), 담양 부사로 부임했는데, 여름철이면 담양천이 범람하여 백성들이 고통 받는 것을 보고 담양천 변에 둑을 쌓고 나무를 심었어. 성이성은 이 공사를 위해 자신의 재산을 내놓았다고 해.

그 뒤 관방제림은 철종 5년(1854년), 담양 부사 황종림이 3만 명을 불러 모아 대대적인 보수 공사를 했지. 이곳에 있는 굵은 나무는 3백여 년 전에 성이성이 심은 것이고, 그보다 작은 나무는 백여 년 전에 황종림이 심은 것이라는구나.

담양의 관방제림은 1991년 천연기념물 제366호로 지정되었는데, 천연기념물 지정 구역 안에는 177그루의 나무들이 있다고 해.

24

천년 왕국 신라는
숲으로 망했다?

　신라 제2대 남해왕 때 석탈해라는 젊은이가 있었어. 그는 인물도 좋고 꾀가 많았지.

　어느 날 탈해는 머슴 둘을 데리고 지팡이를 끌고 토함산에 올라갔어. 그는 산꼭대기에 돌집을 짓고는, 7일 동안 거기서 지내며 서라벌을 두루 살펴보았어.

　그런데 마침 초승달 같은 언덕에 자리 잡은 집이 눈에 띄었어. 표주박을 허리에 차고 일본에서 건너와 신라 왕 박혁거세의 신하가 된 호공이란 사람의 집이었어.

　탈해는 그 집이 마음에 들었어. 그래서 그 집을 빼앗을 궁리를 하고 머슴들에게 말했지.

　"오늘 밤에 몰래 저 집으로 숨어 들어가서 마당에 숯과 숫돌을 묻어 놓도록 해라."

"예, 분부대로 하겠습니다."

그날 밤 머슴들은 호공의 집안 사람들이 잠든 틈을 타 담장을 넘었어. 그러고는 마당에 숯과 숫돌을 파묻고 돌아왔지.

이튿날 날이 밝자 탈해는 호공의 집을 찾아가서 말했어.

"집을 비워 주셔야겠습니다. 이 집은 우리 조상들이 대대로 살아온 집입니다."

탈해의 요구에 호공은 어이없다는 표정을 지었어.

"무슨 소리를 하는 거야? 이 집은 내 집이야. 허튼소리 말고 썩 물러가라."

"아닙니다. 조상 때부터 살아온 집입니다. 억지 부리지 말고 집을 돌려주십시오."

탈해와 호공은 서로 자기 집이라고 우기며 옥신각신 싸웠어. 그러다가 두 사람은 결국 관가를 찾아갔지.

재판을 맡은 벼슬아치가 탈해에게 물었어.

"너는 그 집을 네 집이라고 우기는데, 그것을 증명할 수 있겠느냐?"

"물론이지요. 증거도 있습니다. 우리 집안은 조상 대대로 대장장이 일을 해서, 마당을 파 보면 그때 일하던 흔적을 찾을 수 있을 겁니다."

벼슬아치는 탈해의 말을 듣고 머슴들에게 호공의 집 마당을 파 보게 했어. 그러자 과연 숯과 숫돌이 나왔어. 탈해는 헛기침을 하고 호공에게 물었단다.

"어떻습니까? 이래도 자기 집이라고 우기시겠습니까?"

"허허, 그것 참……."

호공은 꼼짝 없이 탈해에게 집을 내주어야 했어.

당시는 신라 제2대 남해왕이 백성들을 다스릴 때였어. 남해왕은 탈해가 영특하다는 소문을 듣고 탈해를 궁전으로 불러들였어. 그러고는 탈해를 맏공주와 결혼시켜 사위로 삼았지. 뒷날 탈해는 남해왕의 아들인 유리왕에 이어 신라 제4대 왕이 되었단다.

이 이야기에 나와 있듯이 신라에는 숯이 있었어. 나무로 구운 숯을 제철의 연료로 사용했지. 1,000도가 넘는 온도에서 쇠를 녹이려면 숯 같은 질 좋은 고급 연료가 필요했거든. 숯은 장작에 비해 불순물이 적고 발열량이 높아 숯 없이는 쇠를 녹일 수 없었대. 우리나라에서는 2천 6백 년 전부터 숯을 이용하기 시작해, 철 생산을 하여 본격적인 철기 시대를 열 수 있었어.

『삼국사기』에는 이런 이야기가 실려 있어. 신라 제49대 헌강왕이 어느 날 신하들을 데리고 월상루에 올랐어. 헌강왕은 주위를 둘러보더니 시중 민공에게 물었지.

"지금 민간에서는 기와로 지붕을 덮고 짚으로 잇지 않으며, 나무 장작 대신 숯으로 밥을 짓는다는데 그게 사실인가?"

"저도 그렇게 알고 있습니다. 대왕마마께서 즉위하신 뒤로 태평성대를 이루어 해마다 농사가 풍년입니다. 백성들이 잘살게 되어 거리에는 기쁨이 가득합니다."

당시에 신라의 수도 서라벌은 민가가 10만 호에 이르렀어. 그 많은 사람들이 나무 장작 대신 숯으로 밥을 지었다고 하니 숯의 소비가 얼마나 많았겠니?

숯은 나무를 태워서 만든 탄소 덩어리야. 숯가마에 나무를 넣고 공기를 막아 열을 가하면 숯이 나오지.

신라 때는 숯의 원료로 참나무를 사용했어. 참나무로 만든 숯을 '참숯'이라 하는데, 단단하고 열량이 높아 인기가 많았지.

숯은 원료가 된 나무의 10분의 1에 불과하단다. 그런데 신라 때 숯이 산업용뿐 아니라 가정용으로 널리 쓰였으니 숯의 원료가 되는 참나무가 얼마나 많이 베어졌겠니? 서라벌 근처에 있는 참나무 숲이 모조리 파괴되었지.

참나무의 열매인 도토리는 백성들이 흉년에 먹는 소중한 구황 식물이야. 참나무 숲이 사라져 민둥산이 되었으니 가난한 백성들이 먹을 것이 없어 굶주림에 시달려야 했어. 민심은 더욱 흉흉해지고 신라는 멸망의 길로 치달았지. 그래서 '천년 왕국 신라는 숯으로 망했다.'고 말하는 학자도 있단다.

탄천은 물빛이 숯처럼 검다고 붙여진 이름이라고요?

탄천(炭川)은 경기도 용인시 구성면 청덕리 수청동에서 발원하는 한강의 제1지류야. 길이는 35킬로미터로, 북쪽으로 흘러 판교·분당을 거쳐 서울시 송파구와 강남구를 가르며 한강으로 흘러들지.

우리말로는 '숯내'라고 하는데, '탄천'은 물빛이 숯처럼 검다고 붙여진 이름이야. 이 하천을 '탄천'이라 부르게 된 데는 몇 가지 유래가 전해지고 있어.

첫째는, 조선 시대에 한양으로 공급하는 숯을 탄천 부근에서 만들었기에 하천이 검은빛을 띠었다는 거야. 실제로 숯 굽는 마을인 숯골이 있어, 지금의 성남경찰서 근처를 아랫숯골, 성남시 태평동·신흥동·수진동 일대를 윗숯골이라 불렀다고 해.

둘째는, 이곳에 자주 홍수가 일어나 농민들이 탄식하는 하천이라고 '탄천(嘆川)'이라 불렀는데, 한자가 바뀌어 '탄천(炭川)'이 되었다는 거야.

셋째는 성남시 하대원동 태조사 부근에 묘가 있고, 탄천에 은거하며 독서를 일삼았다는 조선 태종 때의 문신 이지직과 관련된 설이야. 이지직은 호가 '탄천(炭川)'인데, 그의 호를 따서 붙여 '탄천'이 되었다는 거지.

넷째는 저승사자가 동방삭을 잡으려고 이곳에서 숯을 씻었다고 하여 '탄천'이라 부르게 되었다는 설이 있지.

25

용문사에 은행나무를 심고
삼베옷을 입은 마의 태자

신라의 마지막 왕인 경순왕은 왕위에 오른 지 5년째인 931년 2월, 태수 겸용을 고려 왕 왕건에게 보냈어.

"뵙고 싶습니다. 저희 신라로 와 주시지요."

경순왕은 태수 겸용을 통해 왕건을 신라로 초대했어.

얼마 뒤 왕건은 쉰여 명의 기병을 데리고 신라의 수도인 서라벌로 왔지.

경순왕은 신하들을 거느리고 교외까지 나가 왕건을 맞이했어.

"어서 오십시오. 먼 곳까지 찾아 주시니 감사합니다."

"별말씀을요. 초대해 주셔서 고맙습니다."

경순왕과 왕건은 정중하게 인사를 나누었어.

길거리에는 많은 신라 백성들이 나와 왕건을 맞이했어. 마치 자기네 왕을 맞이하는 듯 열렬히 환영했지.

경순왕은 안압지 서쪽에 있는 별궁의 부속 건물인 임해전으로 왕건 일행을 데려와 잔치를 베풀었어.

경순왕은 술기운이 돌자 눈물을 흘리며 말했어.

"내가 하늘의 도움을 받지 못해 점점 어려움이 닥치고 있습니다. 견훤은 의롭지 못한 짓을 제 맘대로 하여 우리 신라를 망하게 하니 이런 원통한 일이 또 어디 있겠습니까?"

당시에 한반도는 신라·후백제·고려의 삼국으로 갈라져 있었어. 견훤은 후백제의 왕인데, 신라 경애왕 4년(927년) 9월에 군대를 이끌

고 신라로 쳐들어와서 몹쓸 짓을 저질렀어. 신라 백성들을 마구 죽이고 재물을 닥치는 대로 빼앗았으며, 경애왕을 붙잡아 칼을 던져 주고 스스로 목숨을 끊게 했지.

경애왕의 뒤를 이어 왕위에 오른 것이 경순왕이야.

경순왕이 견훤에 대해 말하며 눈물을 흘리자, 그 자리에 있던 신하들도 흐느껴 울었어. 왕건은 함께 눈물을 흘리며 경순왕을 위로했어.

왕건은 서라벌에서 두 달을 머물렀어. 그동안 고려 병사들을 철저히 단속하여 신라 백성들에게 절대로 피해를 주지 못하도록 했지.

신라 백성들은 왕건을 입에 올리며 칭찬을 아끼지 않았어.

"지난번에 견훤이 왔을 때는 마치 호랑이나 이리 떼를 만난 것처럼 무섭기만 했는데, 오늘 왕건이 왔을 때는 부모님을 만난 듯 정겹네그려."

"물론이지. 견훤이 왔을 때는 도성에 피비린내가 나더니, 왕건이 오자 잔치 음식 냄새가 가득하지 않은가."

두 달 뒤 고려로 돌아간 왕건은 경순왕과 그의 신하들에게 선물을 보내 왔어. 경순왕에게는 비단과 말안장을 갖춘 말을, 신하들에게는 베와 비단을 골고루 나눠 주었어. 왕과 신하들은 선물을 받고 모두 기뻐했지.

그로부터 4년이 지난 어느 날 후백제에서 놀라운 일이 벌어졌어.

견훤이 아들 신검에 의해 금산사에 갇혔다가 나주로 도망쳐 고려에 귀순해 온 거야. 왕건은 견훤을 반갑게 맞이하며 극진히 대접했어.

경순왕은 이 소식을 듣고 혼자 중얼거렸어.

"이제 남은 것은 우리 신라뿐이군."

경순왕은 나라의 운이 다했다는 것을 깨달았어. 지금 고려는 떠오르는 해이고 신라는 지는 해였어. 한반도의 모든 땅이 왕건의 차지가 되고, 신라는 바람 앞의 등불이 되었지. 언제 꺼질지 모르는 가련한 신세였어.

'나라의 장래를 생각하니 더 이상 미룰 수가 없어. 이 나라를 왕건에게 맡겨야겠다.'

경순왕은 마침내 이런 결심을 하고 신하들을 한자리에 불러 모았어. 그러고는 침통한 목소리로 말했지.

"나라의 운이 다하여 모든 땅이 남의 것이 되어 버렸소. 견훤이 왕건에게 귀순해 왔다고 하니, 곧 왕건이 신검에게 항복을 받으면 다음 차례는 우리가 될 것이오. 이제는 모든 것을 포기하고 왕건에게 이 나라를 맡겼으면 하는데……."

경순왕이 말을 채 끝내기도 전에 태자가 일어나서 말했어.

"그건 절대 안 됩니다. 아바마마, 한 나라가 망하고 흥하는 것은 모두 하늘의 뜻에 달려 있습니다. 그런데 어찌하여 천년 역사를 지닌 우리 신라를 하루아침에 버리려고 하십니까? 우리는 끝까지 싸워야만 합니다."

태자가 반대하고 나섰지만 경순왕은 그 말을 듣지 않았어.

"달걀로 바위치기다. 질 게 뻔한 일인데 왜 싸우려고 하느냐? 백성들의 목숨만 앗아갈 뿐이다. 죄 없는 백성들이 피 흘리는 것을 보고 싶지 않구나."

경순왕의 결심은 확고했어. 시랑 김봉휴를 부르더니 항복 문서를 써서 고려 왕건에게 보냈어. 경순왕 9년(935년) 11월의 일이었지.

왕건은 경순왕의 항복을 받아들이고 경순왕을 고려의 수도인 개경으로 불렀어. 경순왕은 신하들을 데리고 개경을 향해 떠났어. 그들 일행의 수레와 말들이 삼십여 리에 이어졌지. 신라 백성들은 눈물을 흘리며 왕과 신하들을 떠나보냈어.

왕건은 도성 밖으로 나가 경순왕을 영접했어. 그리고 자신의 큰딸인 낙랑 공주를 경순왕에게 아내로 맞이하게 했으며, '신라'를 고쳐서 '경주'라 하고, 이를 경순왕의 식읍(왕족, 공신, 대신들에게 내준 땅)으로 주었지. 이리하여 천년을 자랑하던 신라는 역사 저편으로 사라졌단다.

한편 경순왕이 왕건에게 항복 문서를 전한 날, 태자는 통곡하며 경순왕에게 마지막 인사를 드리고 개골산(금강산)을 향해 떠났어.

태자는 도중에 경기도 양평에 있는 용문사에 잠깐 들렀어. 용문사는 신라 진덕 여왕 때 원효 대사가 세운 절이었어. 태자는 그 절을 떠나며 마당에 은행나무를 심었지.

이 은행나무는 지금도 그 자리에 크고 우람한 모습을 자랑하며 당당하게 서 있지.

태자는 개골산으로 들어가 삼베옷을 입고 풀뿌리와 나무껍질을 먹으며 평생을 살았어. 그래서 사람들은 그를 '삼베옷을 입은 태자'라고 하여 '마의 태자'라고 불렀단다.

용문사의 은행나무는 우리나라
나무 가운데 가장 나이가 많다면서요?

용문사는 경기도 양평군 용문면 신점리에 있는 절이야. 신라 진덕 여왕 3년(649년), 원효 대사가 세웠다고 해. 또는 신라 신덕왕 2년(913년) 대경 대사가 세웠다는 설도 있어.

이 절 앞에는 천연기념물 제30호로 지정된 큰 은행나무가 있어. '용문사의 은행나무'야. 이 은행나무는 높이 42미터로 우리나라에서 제일 큰 나무야. 나이도 천백 살쯤 되어 우리나라 나무 가운데 가장 나이가 많단다.

그런데도 용문사의 은행나무는 여전히 많은 열매가 열리지. 한때는 은행 열매가 서른 가마나 열렸으며, 지금도 해마다 열 가마가 넘는 은행 열매가 열려. 이 은행나무의 은행알은 다른 은행나무의 은행알과는 달리 작은 점이 한 개씩 찍혀 있어.

용문사의 은행나무는 신라의 마지막 왕인 경순왕의 아들 마의 태자가 나라 잃은 슬픔을 안고 개골산(금강산)을 향해 가다가 용문사에 들러 심은 나무라고 해. 또는 신라의 의상 대사가 자기 지팡이를 땅에 꽂았더니 이것이 뿌리를 내려 은행나무로 자랐다는 전설도 있어.

이 은행나무는 오래된 나무답게 많은 전설을 간직하고 있어. 누가 나무를 자르려고 톱을 대자 나무에서 피가 나고 천둥이 쳤다, 나라에 큰일이 있을 때마다 큰 소리로 울었다, 일제 강점기에 일본군이 용문사에 불을 질렀는데 은행나무만 불에 타지 않았다, 일본 순사가 도끼로 나무를 자르려고 하다가 그 자리에서 죽었다 등등 여러 가지 신비로운 이야기가 전해지고 있어.

조선 시대에 세종대왕은 용문사 은행나무에게 '당상직첩'이라는 벼슬을 주었는데, 정이품에 해당하는 높은 벼슬이었어. 세종대왕이 이 은행나무에게 벼슬을 내린 것은, 나라에 큰일이 있을 때마다 소리 내어 울어 미리 알려 주는 등 우리나라를 대표할 만한 이름난 나무였기 때문이야.

용문사 은행나무

26

닥나무로 만들어진 한지, 중국인들을 놀라게 하다

한지는 닥나무를 주원료로 만드는 우리나라 고유의 종이야. 닥나무는 우리나라 어디서나 자라는데, 늦가을에 닥나무 밑동을 잘라 솥에 넣고 쪄서 껍질을 벗겨 말리면 흑피(黑皮)가 되지. 흑피를 흐르는 물이나 통 속의 물에 담가 불려 연하게 만든 뒤, 검은 외피를 긁어 벗기고 석회와 재를 넣어 만든 물에 넣어 서너 시간 끓여. 그리고 이것을 꺼내 맑은 물에 씻어 말리면 백피(白皮)가 되지. 그다음엔 백피를 넓고 편편한 바위 위에 올려놓고 빻거나 두들겨서 연하게 만들어. 그러고는 곱게 부서진 백피(닥펄프)에 물을 붓고 풀어, 닥풀 뿌리에서 얻은 끈끈한 즙을 섞은 후 잘 휘저어 주지. 그리고 나서 닥펄프를 뜸틀발에 붓고 종이를 떠내어 말리면 한지가 태어난단다. 한지를 만드는 데는 아흔아홉 번 손질이 간다고 해. 그만큼 정성을 쏟지

앉으면 좋은 종이를 생산할 수 없지.

　105년경 중국 후한의 채륜이 발명한 종이는 3~4세기경 우리나라에 전해져 삼국 시대부터 한지가 만들어졌어.『삼국사기』월명사 도솔가 이야기에는 종이돈이 나오는데, 이때 이미 신라에서 종이돈이 쓰일 정도로 종이가 널리 사용되었음을 알 수 있지. 신라의 종이 백추지는 중국에서도 명품으로 소문났어.『일본서기』에는 610년 고구려 담징이 일본으로 건너가 종이 만드는 기술을 전했다는 기록이 있어.

　1966년 불국사 석가탑에서「무구정광 대다라니경」이라는 목판 인쇄물이 발견되었어. 그런데 여기에 사용된 종이가 1천 3백여 년 전인 통일 신라 시대의 것이어서 한지의 뛰어난 점과 인쇄술을 세계에 보여 주었지.

　이 전통은 고려·조선에까지 이어져 우수한 한지를 생산했어. 고려 시대에는 한지를 중국에 수출했는데, 품질이 뛰어나 중국인들을 놀라게 했어. 송나라 사람들은 고려 종이를, 중국에 없는 진기한 최고 명품으로 꼽았어.『고반여사』에는 고려 종이를 이렇게 소개했지.

> 고려 종이는 질기고 두터울 뿐 아니라 뒷면의 광택까지도 앞면과 같아 양쪽 면을 모두 사용할 수 있다. 누에고치 솜으로 만들어져 종이 색깔은 비단같이 희고 질기기는 비단과 같은데, 글

자를 쓰면 먹물을 잘 빨아들여 종이에 대한 애착심이 솟구친다. 이런 종이는 중국에는 없는 우수한 것이다.

중국인들은 닥나무로 만들어진 고려 종이(한지)를 누에고치 솜으로 만들어졌다고 착각할 정도로 높은 평가를 했단다.

한지의 명성은 조선으로 이어져 중국에서는 조공 진상품으로 한지를 최상품으로 여겼어. 황제나 높은 벼슬아치만 한지를 사용했다고 해.

조선 시대에는 인쇄 문화의 발달과 서적 간행의 증가로 종이 수요가 크게 늘어났어. 그래서 태종 15년(1415년), 한양 세검정 근처에 한지 만드는 공장인 조지서를 세웠지. 『동국여지승람』에 따르면, 조지서에서 일하는 사람이 1천 명에 이르렀다고 해. 한지의 대량 생산으로 원료인 닥나무가 많이 필요하여 지방 곳곳에 닥나무 밭을 만들어 닥나무를 재배했지.

한지는 각종 책을 만들 때뿐만 아니라 창호지·벽지·장판지·모자·병풍·찻상과 찻잔·저고리와 버선 만드는 본·우산·부채·갑옷 등을 만드는 데도 쓰였어. 심지어 옛날 여인들이 먼 길을 떠날 때 한지로 발싸개를 만들어 신었어. 그래서 무좀을 예방할 수 있었지.

한지는 근대에 와서 펄프를 주원료로 하는 종이가 우리나라에 많이 들어오면서 점차 사라지게 되었어. 그러나 잘 상하지 않고 질기며 오래 보존하는 등 품질의 우수성은 인정을 받고 있단다.

고구려의 후예인 당나라 고선지 장군은
어떻게 서양에 종이를 전파했을까요?

고선지는 고구려가 멸망한 뒤 당나라로 끌려간 고구려 유민의 아들이야. 아버지 고사계가 당나라 군대에 들어가 장교로 근무했지.

고선지도 아버지를 따라 당나라 군대에 들어가 무술을 익혔어. 그는 말을 잘 타고 활을 잘 쏘아 스무 살에 장군이 되었단다.

그 뒤 당나라군을 이끌고 서역 원정에 나서 승승장구하며 중앙아시아에 당나라 세력을 넓혔으며, 동서의 교통로인 실크로드를 개척했어.

751년 고선지는 탈라스 평원에서 타슈켄트·사라센 연합군과 세계 전쟁사에 남을 전투를 벌였지. 이 전투가 '탈라스 전투'야.

고선지는 7만 대군을 거느리고 닷새 동안 싸웠지만, 동맹군인 카를루크족의 배반으로 크게 패하고 말았지. 당나라군은 고선지를 포함하여 살아 돌아간 사람은 수천 명밖에 되지 않았어.

당나라군은 2만 명이 타슈켄트·사라센 연합군의 포로가 되었단다. 그런데 이 전투는 뜻밖의 결과를 낳았어. 당나라군 포로 가운데 종이 만드는 기술자들이 있어 중국의 종이가 이슬람과 유럽에 전해진 거야.

종이 만드는 기술은 실크로드를 따라 사마르칸트·바그다드·다마스쿠스·카이로 등에 전해졌어. 이슬람 세계는 옛날에 이집트에서 만든 파피루스를 사용했지. 그러다가 나중에는 양피지에 기록을 남겼단다. 그런데 중국의 제지술로 종이를 만들어 사용하니 너무도 간편하고 좋았어. 그래서 중국의 종이는 이슬람 세계에서 큰 인기를 끌었지. 탈라스 전투가 일어난 지 3백 년이 지난 뒤에는 아랍인들을 통하여 이탈리아의 시칠리아·스페인의 안달루시아 등 유럽 각지로 퍼져 나갔단다.

그 뒤 종이 만드는 기술과 인쇄술의 결합으로 구텐베르크의 인쇄 혁명이 일어나고, 그 영향은 르네상스·종교 개혁 등으로 이어졌다고 하니 고선지 장군의 서역 원정과 탈라스 전투 패배가 인류 문명 발전에 크게 이바지했다고 할 수 있겠지?

27

세계 최고의 나무 문화재, 팔만대장경

팔만대장경은 고려 고종 때 만들어져 현재 경상남도 합천군 가야면 치인리 가야산 기슭의 해인사에 있는 대장경이야. 국보 제32호로, 1995년 팔만대장경을 보관하는 건물인 해인사 장경판전과 함께 유네스코 세계 문화유산으로 선정되었지.

팔만대장경은 정식 이름이 '해인사 대장경판'으로, 고려 시대에 만들어졌다고 '고려 대장경', 해인사에서 보관하고 있다고 '해인사 대장경'이라고 해. 팔만대장경이라는 이름은 불경을 새긴 경판의 수가 81,137개나 되고, 번뇌와 법문이 8만 4천 가지라고 해서 붙여진 거란다.

'대장경'이란 일체의 불경을 통틀어 모은 책을 말해. 부처님 말씀인 '경', 승려가 지켜야 할 계율인 '율', 고승들이 논증하여 설파한 '논'

의 '삼장'을 담았다고 하여 '삼장경'이라고도 해. 팔만대장경은 1,496종의 불경이 실려 있으며, 중국·거란·티베트 등 여러 나라의 대장경을 두루 참고하여 만들었기 때문에 그 내용이 풍부한 것으로 유명하지. 모든 대장경 가운데 가장 내용이 정확한 대장경으로 세계의 불교학자들에게 인정받았어.

팔만대장경은 고려 때 세 번째로 만들어진 대장경이야. 현종 2년(1011년)부터 선종 4년(1087년)까지 무려 76년에 걸쳐 만든 최초의 대장경인 '초조대장경'과, 선종 8년(1091년)부터 6년에 걸쳐 만든 '속장경'은 고종 19년(1232년) 몽골군의 침입 때 불타 버렸어. 그래서 고종 23년(1236년), 대장도감을 설치하여 16년 만에 완성된 것이 팔만대장경이란다.

고려에서 대장경을 만든 이유는 부처님의 힘을 빌려 외적의 침입을 막고 나라와 백성들을 보호하기 위해서였어. 실제로 11세기 초에 요나라의 침입을 받았을 때 현종과 신하들이 대장경을 만들어 나라를 지키겠다고 부처님께 기도하자, 요나라 군대가 스스로 물러갔다고 해.

팔만대장경은 나무판에 부처님의 말씀인 경전을 새긴 거야. 경전을 새긴 나무판이 경판인데, 경판으로 쓰일 나무를 구하는 작업은 여간 힘들지 않았어. 남해안과 근처 섬에서 산벚나무·돌배나무 등을 베어 운반한 뒤 적당한 크기로 잘라 바닷물에 담가 두었어. 그리

고 소금물로 쪄서 나무 속의 기름기를 빼고는 그늘에서 몇 년 동안 말렸어. 그래야 나무가 뒤틀리지 않고 벌레가 먹지 않으며 습기가 차지 않아 잘 썩지 않거든. 그다음엔 대패질하여 표면을 매끄럽게 해서 경판으로 쓰일 나무판을 완성했지.

경판 하나는 가로 70센티미터 내외, 세로 24센티미터 내외, 두께 3.6센티미터 내외, 무게 3~4킬로그램이야. 글씨는 한 줄에 열네 자, 세로로 스물세 줄이 들어 있어.

나무판을 완성하면 종이에 쓴 경문을 그 위로 한 장씩 뒤집어 붙여 글씨를 새겼지. 경문은 구양순체로 새겨져 예술적 완성도가 높고, 약 서른 명의 판각수들 손을 거쳤는 데도 한 사람이 새긴 것처럼 보일 만큼 온갖 정성을 들였어. 판각수들이 한 자 한 자 새길 때마다 일어나 절을 했다고 전해질 정도야.

팔만대장경은 세계 최고의 나무 문화재야. 팔만대장경을 만드는 데 1만~1만 5천 그루의 나무가 들어갔을 거라고 하지? 팔만대장경이 유네스코 세계 문화유산으로 선정된 것도 팔만 개가 넘는 경판이 천 년 수명의 나무로 만들어졌기 때문이지. 인류 공동 문화유산으로서 그 가치를 인정받은 거야. 팔만대장경은 세계에서 가장 오래된 대장경이자 가장 완벽한 대장경으로 평가되고 있단다.

장경판전은 해인사 경내에 있는, 팔만대장경을 보관하는 건물이야. 국보 제52호로 팔만대장경과 함께 유네스코 세계 문화유산으로 선정되었어. 대장경을 보관하는 건물로는 세계에서 하나밖에 없다고 해. 정면 열다섯 칸, 측면 두 칸의 두 건물이 남북으로 나란히 서 있는데, 남쪽 건물이 '수다라장'이고 북쪽 건물이 '법보전'이야. 이 두 건물에 대장경판이 나누어 보관되어 있단다.

팔만대장경은 처음 만들어져 강화도성 서문 밖의 건물에 보관된 뒤 강화도 선원사, 한양 지천사를 거쳐 조선 태조 7년(1398년)에 현재의 해인사로 옮겨졌어. 외적으로부터 팔만대장경을 안전하게 지키기 위해서였지.

장경판전은 성종 19년(1488년)에 지어진 것으로 추정되며 5백 년이 지난 지금까지 팔만대장경이 잘 보존되어 왔어. 대장경은 나무로 만들어져 있어 습도가 너무 높으면 금방 썩어 버리고, 습도가 너무 낮으면 건조하여 갈라져 버려. 그래서 사람들은 습도와 통풍을 조절하기 위해 과학적인 방법을 생각해 냈어. 즉, 수다라장과 법보전의 벽을 흙벽으로 하고 건물 바닥을 진흙으로 하여 온도와 습도를 조절하도록 했어.

특히 장경판전 바닥에 숯, 소금, 황토를 다져 놓아 비가 와도 실내에 습기가 차지 않고 해충의 침입을 막으며 겨울에는 적당한 온도를 유지하게 만들었어. 또한 창문의 크기를 서로 다르게 하여 바람이 잘 통하도록 했어. 이처럼 과학적인 설계와 보존으로 건물을 관리·유지했기 때문에 수백 년이 지난 오늘날까지도 팔만대장경이 썩지 않고 완벽하게 보존될 수 있었어.

해인사에는 창건 이래 일곱 번이나 불이 났지만, 장경판전은 부처님의 도우심이 있었는지 한 번도 불타지 않았다고 해.

그런데 6·25 전쟁 때인 1951년 9월에는 팔만대장경과 장경판전이 있는 해인사가 폭격으로 잿더미가 될 뻔한 사건이 있었단다. 당시에 해인사가 자리 잡은 가야산 일대는 빨치산이 활동하고 있었어. 이들은 해인사를 근거지로 하여 군경과 맞서고 있었지.

군경은 빨치산들을 토벌하기 위해 공군에 지원 요청을 했어. 공군은 김영환 대령이 지휘하는 전투기 편대에 해인사를 폭격하라는 명령을 내렸단다.

편대장으로서 4대의 전투기를 이끌고 출격한 김영환 대령은 편대원들에게 "해인사를 폭격하지 마라."고 했어. 그는 해인사를 폭격하면 소중한 문화유산인 팔만대장경이 사라질 것이기에 그런 명령을 내린 거야. 김영환 대령 덕분에 팔만대장경은 한 줌의 재가 될 위기에서 벗어날 수 있었단다.

팔만대장경이 있는 해인사는 어떤 절이에요?

해인사는 경상남도 합천군 가야면 치인리 가야산 기슭에 있는 절이야. 대한 불교 조계종 제12교구 본사로, 수도하는 스님이 우리나라에서 가장 많은 종합 수도 도량이지.

해인사는 양산 통도사, 순천 송광사와 더불어 한국의 3대 절의 하나로 꼽히고 있어. 통도사가 부처의 진신 사리를 모신 절이라고 '불보 사찰', 송광사가 고려 조 16대 국사를 탄생시킨 절이라고 '승보 사찰'이라 불린다면, 해인사는 팔만대장경을 보관한 절이라고 '법보 사찰'이라 불린단다. 불교에서는 부처와 스님과 경전을 '3보', 즉 세 가지 보물이라고 하거든.

해인사는 신라의 스님인 순응과 이정이 가야산에 세운 절이야. 당나라 유학에서 돌아온 순응이 애장왕 3년(802년) 해인사를 세우려 하자 성목 태후가 땅을 하사했으며, 순응의 갑작스런 죽음 이후 이정이 절을 완성했다고 해.

'해인(海印)'이라는 이름은 『화엄경』에서 나오는 '해인삼매(海印三昧)'라는 구절에서 따온 거야. 해인사는 화엄종의 중요한 절인 '화엄 십찰'이 되었지.

해인사가 고려 때부터 우리나라 최대의 절이 될 수 있었던 것은, 희랑 대사가 후백제의 견훤을 물리치고 고려의 왕건을 도와주었기 때문이야. 그 보답으로 태조 왕건은 해인사를 고려에서 가장 큰 절로 만들어 주었지. 해인사는 팔만대장경이 조선 시대 초에 이곳으로 옮겨 옴으로써 더욱 유명한 절이 되었어.

이 절에는 국보 제32호인 팔만대장경, 국보 제52호인 장경각을 비롯하여 보물 제128호인 반야사지 원경왕사비, 보물 제264호인 석조 여래 입상, 보물 제518호인 원당암 다층 석탑 등 많은 문화재가 있단다.

합천 해인사 장경판전 내부

28

호두나무는 반역자 류청신이 원나라에서 들여왔다?

　　류청신은 고려 말의 역관이야. 원종 때 전라도 고흥의 고이부곡에서 태어난 그는 어려서 몽골어를 배워 역관이 되었어. 류청신은 여러 번 원나라에 사신으로 가서 공을 세워 충렬왕의 사랑을 받았지. 충렬왕은 그를 처음에 '낭장'으로 임명하더니 점점 벼슬을 높여 3품인 대장군으로 삼았어. 부곡 출신은 벼슬이 5품 이상 오를 수 없는데 파격적인 승진이었지. 류청신은 3품에 머물지 않고 상장군·우승지를 거쳐 재상의 자리에까지 올랐어. 또한 출신지인 고이부곡이 '고흥현'으로 승격되기도 했단다.

　　류청신은 원나라 황제 쿠빌라이에게도 잘 보여 '청신(淸臣)'이라는 이름을 받아어. 그것은 '충성스러운 신하'라는 뜻이었지.

　　그러나 류청신은 반역자이자 매국노였어. 충숙왕을 따라 원나라로 간 그는 원나라에 머물며 첨의찬성사(정이품) 오잠과 함께 심왕 고를 고려 왕이 되게 하려는 반역을 일으켰어. 그 반역이 실패로 끝나자 오잠과 함께 고려를 원나라 땅으로 편입시키자는 이른바 '입성책동'을 벌였지. 충숙왕이 나라를 제대로 다스리지 못하니 고려를 일개 성으로 받아들여 달라고 원나라 황제에게 청한 거야.

하지만 류청신 등이 제기한 청원은 원나라 사람 왕관과 고려 선비 이제현 등의 반대 상소로 받아들여지지 않았단다.

그 뒤 류청신은 반역자와 매국노로 낙인이 찍혀 처벌이 두려운 나머지 고려 땅으로 돌아갈 수 없었어. 그는 고향 땅을 밟지 못하고 원나라에서 죽었지.

류청신은 역사에 오점을 남겨 『고려사』 「간신전」에 그 이름과 행적이 올랐단다. 그러나 류청신은 역사에 또 다른 이름을 남겼어. 원나라에서 문익점이 목화씨를 가져왔듯이 그는 호두나무를 고려로 들여왔거든.

충렬왕 16년(1290년), 원나라에 사신으로 갔다가 돌아온 류청신은 호두나무 묘목과 씨앗을 가져왔어. 씨앗은 충청도 천안시 광덕면 매당리 고향 집에 심고 묘목은 고향 집에서 가까운 광덕사라는 절에 심었지.

류청신은 나무 이름을 '호두나무'라고 지었어. 오랑캐 나라에서 들여왔다고 오랑캐 '호(胡)', 열매가 복숭아를 닮았다고 복숭아 '도

㈜桃)'를 붙여서 말이야. 계속 '호도나무'로 불리다가 지금은 맞춤법이 바뀌어 '호두나무'로 불리지.

신라 진덕 여왕 6년(652년)에 세워진 광덕사 보화루 오른쪽에는 천연기념물 제398호인 호두나무가 서 있어. 이 나무는 류청신이 처음 심은 나무가 아니라 그 나무의 아들이나 손자쯤 되는 나무이지.

류청신이 호두나무를 천안에 들여오면서 호두는 천안의 특산물이 되었어. 천안시 광덕면 일대만 해도 25만 8천여 그루의 호두나무가 자라고 있단다.

호두나무의 원산지는 페르시아야. 기원전 139년 한나라 무제가 장건을 서역에 파견했는데, 장건이 호두를 중국으로 들여왔지.

천안은 호두과자로
유명하다면서요?

80여 년 전 천안 시내에서 제과점을 운영하던 '심복순'이라는 사람이 있었어. 남편은 천안에서 유명한 제빵 기술자였지.

어느 날 심복순이 남편에게 말했어.

"여보, 천안에는 호두가 유명하잖아요. 호두와 흰팥을 이용해 맛있는 호두과자를 만들면 어때요? 과자 모양은 호두 모양으로 하고요."

"좋은 아이디어야. 당장 내가 과자로 만들게."

남편은 호두와 흰팥을 구해 와 호두과자를 만들었어. 이 호두과자는 어찌나 맛이 있던지 가게 앞에서 줄을 서 기다렸다가 살 정도로 인기를 얻었지. 이때부터 호두과자는 오늘날까지 널리 사랑받는 천안의 명물이 되었단다.

29

충선왕과
봉선화 물들이기

　충선왕은 고려 제26대 왕이야. 그는 충렬왕과 원나라 세조 쿠빌라이의 딸인 제국 대장 공주 사이에서 태어났지. 세 살 때 세자로 책봉되었던 충선왕은 어려서부터 아주 총명했다고 해.

　아버지 충렬왕은 나랏일을 돌보지 않고 사냥이나 하러 다녔지. 어린 세자는 아홉 살 때 아버지가 사냥을 떠나려 하자 훌쩍훌쩍 울기 시작했어. 그 모습을 보고 유모가 물었지.

　"세자마마, 왜 우십니까?"

　세자가 대답했어.

　"지금 백성들은 살림살이가 어렵고 농사철이 닥쳐왔는데, 어찌하여 아버지는 멀리 사냥이나 다니시는가?"

　열세 살 때는 세자가 원나라 수도인 연경으로 떠나려 하자 전라도 왕지별감 권의가 은 마흔 근과 호랑이 가죽 스무 장을 바쳤어. 그러자 세자는 이런 말을 하며 그 물건들을 돌려주었다고 해.

"이 물건들은 백성들에게 강제로 빼앗은 것들 아니냐? 원래 주인한테 돌려주어라."

충렬왕 24년(1298년), 세자는 왕위를 물려받아 임금이 되었어. 충선왕은 아버지 충렬왕과 달리 나랏일을 잘 돌보고 개혁 정치를 했단다. 이승휴·안향 등 문신들을 등용하고 관제를 전면적으로 개편했지.

충선왕의 개혁 정치에 대해 충렬왕의 측근들을 비롯한 집권 세력들은 강력하게 반발했어. 이들은 개혁 정치를 공격하고 충선왕의 부부 문제를 들추어냈지.

충선왕은 세자 시절에 조인규의 딸 조비와 먼저 혼인했어. 그 뒤에 원나라의 강요로 조비를 후궁으로 내리고 쿠빌라이의 손녀인 계국 대장 공주와 혼인했지.

하지만 충선왕은 조비만을 사랑하고 계국 대장 공주에게는 정을 주지 않았어. 그러자 질투심에 눈이 먼 계국 대장 공주는 조비가 자신을 저주하고 비방했다는 거짓 편지를 원나라 황실로 보냈어.

그리하여 충선왕은 이 사건을 빌미로 반원적인 개혁을 했다는 문책을 받아 일곱 달 만에 왕위에서 쫓겨났어. 그는 원나라로 끌려갔고 아버지 충렬왕이 다시 왕위에 앉았지.

충선왕은 원나라의 연경에서 10년 동안 머물러야 했어.

어느 날 밤 그는 한 소녀가 자신을 위해 가야금을 타는 꿈을 꾸었어. 소녀의 손가락에서는 피가 뚝뚝 떨어졌지. 충선왕은 깜짝 놀라 잠이 깼어.

'참으로 이상한 꿈이네. 이게 무슨 징조지?'

충선왕은 고개를 갸우뚱하며 궁궐 안에 있는 궁녀들을 유심히 살펴보았어. 그런데 궁녀 가운데 한 사람의 손이 이상했어. 열 손가락에 흰 천을 친친 감고 있었던 거야.

"손가락을 다쳤느냐? 어찌하여 손가락을 흰 천으로 동여맸느냐?"

충선왕이 묻자 궁녀가 대답했어.

"아닙니다. 손톱에 봉선화 물을 들이는 중입니다. 저는 고려를

떠나온 공녀인데 고향이 그리워서요."

궁녀의 아버지는 충선왕의 개혁 정책을 추진하던 신하였어. 충선왕이 왕위에서 쫓겨난 뒤 그도 벼슬자리에서 물러났고, 그 딸이 공녀로 끌려와 원나라에서 궁녀가 되었던 거야.

궁녀는 자신의 사연을 충선왕에게 들려준 뒤 눈물을 흘렸어. 충선왕은 궁녀의 말을 듣고 감동을 받았지.

'어린 소녀도 고국에 대한 사랑을 잊지 않고 봉선화 물을 들이며 향수를 달래지 않는가. 나도 무기력하게 지내지 말고 고려로 돌아갈 날을 꿈꾸며 하루하루 보람되게 보내야겠다.'

그 뒤 충선왕은 고려로 돌아갈 날을 기다리며 책을 읽고 그림을 그렸어. 그는 원나라 정치에도 참여하여 자기와 가까이 지내던 황족인 카이산(무종)과 그의 동생 아유르바리바드(인종)가 황제의 자리에 오르는 데 공을 세웠단다.

1308년 충렬왕이 죽자 충선왕은 고려로 돌아와 다시 왕위에 올랐어. 그는 문득 원나라에서 만났던 소녀가 생각났어. 그래서 그 소녀를 고국으로 불러오려고 했지. 하지만 그때 소녀는 이미 세상을 떠난 뒤였어.

소식을 들은 충선왕은 슬픔에 잠겼어. 소녀의 죽음이 너무도 안타까웠지.

"고향으로 돌아오지 못하고 머나먼 이국땅에서 생을 마감하다니, 참으로 안타깝구나."

충선왕은 소녀의 넋을 위로하기 위해 궁궐 정원에 봉선화를 심게 했어.

그 뒤로 궁녀들은 봉숭아꽃을 따서 손톱에 물을 들이기 시작했지. 이때부터 봉선화 물들이기는 전국 방방곡곡에 퍼져 우리 민족의 풍습으로 전해지게 되었단다.

고려 처녀들은
어떻게 원나라로 끌려갔을까요?

고려는 몽골과의 30년 전쟁에서 패한 뒤 몽골의 속국이 되고 말았어. 몽골의 나라인 원나라는 고려에 사신을 보내 많은 공물을 바치라고 요구하고, 원나라로 데려갈 여자들을 내놓으라고 협박했단다.

고려는 속국의 처지여서 원나라의 요구를 거절하기 힘들었어. 그래서 1274년, 원나라로 시집보낼 여자를 뽑으려고 '결혼도감'이라는 임시 관청을 만들었지. 이리하여 혼자 사는 여자, 역적의 처, 파계한 스님의 딸 등을 뽑아 사신 편에 원나라로 보냈어. 이렇게 공물처럼 중국으로 끌려간 여성을 '공녀'라고 불렀단다.

원나라에서는 다음 해에 또 고려에 사신을 보냈어. 그런데 이번에는 고려 처녀를 바치라고 강요하는 거야. 이에 고려는 나라 안에 있는 모든 처녀에게 결혼하지 말라는 금혼령을 내리고 처녀들을 강제로 뽑아 원나라로 보냈지.

이렇게 시작된 고려 처녀의 공녀 헌납은 1356년 공민왕이 원나라에 반대하는 개혁 정책을 펼친 뒤에야 중단되었어. 무려 80여 년 동안 한 번에 몇십 명씩 수십 차례에 걸쳐 수천 명에 이르는 고려 처녀들이 공녀로 끌려간 거지.

30

목화씨를 들여온 문익점, 온 백성을 따뜻하게 입히다

문익점은 고려 공민왕 때의 학자이자 문신이야.

공민왕 12년(1363년), 그는 중국 원나라에 사신으로 갔다가 길가에서 목면 나무를 보았어. 그 순간 문익점은 이런 생각을 하며 목화

나~리~ 서두르시지요~

씨 십여 개를 땄지.

'우리나라에 가서 목화를 재배하자. 그럼 우리 백성들이 목화에서 얻은 솜으로 옷과 이불을 만들어 따뜻한 겨울을 보낼 수 있겠지?'

문익점은 고려로 돌아올 때 목화씨를 주머니에 넣어 가져왔어. 원나라에서 목화씨가 다른 나라로 나가는 걸 철저히 막았기 때문에 문익점이 목화씨를 붓두껍에 숨겨 들여왔다고 하지? 하지만 그것은 잘못 전해진 이야기야.

당시에 원나라에서는 화약·지도 등만 다른 나라로 나가는 것을 막았을 뿐이야. 목화씨는 금지 품목이 아니었지. 따라서 문익점은 목화씨를 붓두껍에 몰래 감출 필요가 없었어. 『조선왕조실록』에도 "문익점이 원나라에 갔다가 돌아올 무렵에, 길가에서 목면 나무를 보고 그 씨 십여 개를 따서 주머니에 넣어 가져왔다."고 쓰여 있어.

고려로 돌아온 문익점은 고향인 강성현(경남 산청군 단성면)으로 내려가 장인인 정천익과 함께 목화씨를 심어 길렀어. 그런데 그 가운데 한 알만 자라나, 3년 만에 꽤 많은 씨앗을 얻을 만큼 목화 재배에 성공했지.

정천익은 중국에서 온 승려 홍원의 도움을 받아 목화에서 씨를 빼는 씨아와 실을 뽑는 물레를 만들었고, 목화 재배법과 베 짜는 기술은 10년도 못 되어 나라 전체에 퍼져 널리 목화가 보급되었지. 이로써 우리나라 사람들은 문익점과 정천익 덕분에 추운 겨울에 따뜻한 무명옷을 입게 되었고 푹신한 솜이불을 덮고 자게 되었단다.

목화는 많은 종이 있지만 그 가운데 재배되는 것은 육지면·해도면·인도면·아시아면 등 4종이야. 육지면은 전 세계에서 목화 생산의 90퍼센트 이상을 차지하고 있어. 이 섬유는 섬세하고 길어 최고의 방적 원료로 꼽히지. 해도면은 섬유가 길어 고급 실을 뽑는 데 좋고, 인도면은 가장 긴 역사를 지녔지만 인도 말고는 재배하는 곳이 없어. 아시아면은 오랜 옛날부터 아시아 지역에서 재배되었던 재래종으로 섬유가 짧고 거칠지. 문익점이 가져온 목화가 바로 이 아시아종이야.

우리나라에서는 아시아종을 오랫동안 재배하다가 1905년 일본 영사 다카마쓰가 들여온 육지면으로 점차 품종을 바꾸어 나갔어. 요즘은 화학 섬유가 발달하고 다른 나라에서 값싼 원면이 많이 수입되어 목화를 그리 많이 재배하지 않는단다.

무명은 목화에서 얻은 옷감이지요?

무명은 무명실을 써서 재래식 베틀로 짠 옷감이야. '면포' 또는 '무명베'라고도 해. 가을이면 목화꽃이 피었다가 지고, 봉오리가 벌어져 목화송이에 하얀 솜이 나오지. 이 목화송이를 따 가을볕에 말린 뒤, 목화에서 씨앗을 빼는 데 쓰이는 도구인 씨아에 넣고 손잡이를 돌려. 그러면 목화송이 속에 있는 씨앗이 톱니 사이로 걸러지고 납작해진 솜이 나온단다. 그다음엔 씨앗을 뺀 목화송이를 활로 비벼 솜이 구름처럼 부풀게 하지. 그러고는 솜을 수수깡에 돌돌 말아 기다랗게 고치를 만들어. 이 고치를 다발로 묶어 물레에 걸고 돌리면 무명실이 나온단다.

옷감을 만들려면 무명실을 씨실(가로)과 날실(세로)로 겹쳐 가며 엮는 베틀을 이용해야 해. 베틀에 무명실을 걸고 베 짜기를 하면 무명천이 만들어지지. 무명천으로는 사계절에 필요한 옷을 모두 만들어 입을 수 있었어. 겨울옷은 솜을 넣어 두어 겹으로 지어 입고, 봄·가을 옷은 그냥 겹으로 지어 입으며, 여름옷은 홑으로 지어 입으면 되었거든.

목화가 들어오기 전에는 비싼 비단옷을 지어 입을 수 없어, 서민들은 삼베옷으로 추운 겨울을 지내야 했어. 하지만 무명이 생산되어 솜을 두둑이 넣은 무명옷을 지어 입게 되자 겨울을 따뜻하게 지낼 수 있었지. 조선 시대에 들어와 무명은 모시와 삼베를 제치고 사람들에게 가장 사랑받는 옷감이 되었어. 옷감이 비단 못지않게 따뜻하면서도 질기고 부드러워 왕에서부터 서민에 이르기까지 무명옷을 입었어.

31

명나라에 사신으로 간 박의중,
뇌물 대신 모시옷을 벗어 주다

　　모시는 한산 모시가 유명하지. '올이 가늘고 고운 모시'인 세모시는 한산 모시를 최고로 쳐 줘. 한산 모시는 삼국 시대부터 생산되었는데, 이런 전설이 전해지고 있어.

　　신라 때 한산에 사는 한 노인이 건지산으로 약초를 캐러 갔어. 노인은 산속에서 유난히 깨끗하고 늘씬한 풀을 찾아냈지.

　　"처음 보는 풀이네. 말끔하게 잘생겼는걸."

　　노인은 풀의 껍질을 벗겼어. 그랬더니 보들보들한 껍질이 길고 가늘게 쪼개졌어. 노인은 이 풀의 껍질에서 뽑은 실로 옷감을 짰는데, 이것이 한산 모시의 시초야.

　　한산 모시는 전국적으로 유명해. 한창때는 모시 장이 열리기 전날 전국 각지에서 한산 모시를 사려고 장사꾼들이 몰려들었어. 얼마나 많은 사람들이 왔는지 여관에 빈방이 없을 정도였어.

모시 장은 새벽 3시에 열려 동이 트면 끝났어. 모시 장이 새벽에 열리는 것은 귀신들 때문이래. 귀신들이 모시를 몹시 탐내기에 밤 귀신이 떠나고 낮 귀신이 나타나기 전인 새벽에 모시를 사고팔았어. 귀신이 얼씬거려 귀한 모시에 부정이 타면 안 된다고 생각했기 때문이지.

모시는 중국에까지 널리 알려져 많은 사람들이 탐내었어. 원나라에서 고려에 요구하는 조공 품목에 모시는 반드시 들어 있었어. 조선 시대에도 물론 마찬가지였지.

고려 공민왕 때 '박의중'이라는 관리가 명나라에 사신으로 갔어. 당시에 명나라는 철령 이북 땅을 자기들의 옛 영토라면서 철령위를 설치하려고 했어. 이에 그 계획을 거두게 하려고 박의중이 사신으로 간 것이지. 당시에 사신으로 가는 사람들은 중국에 고려의 물품을 가지고 가서 비단과 바꾸어 왔어. 그러면 고려로 돌아와 비단을 팔아 많은 이익을 남길 수 있었지.

명나라 관리들은 고려 사신들을 못마땅하게 여겼어. 사신으로 와서 재물이나 탐하는 장사치 노릇이나 한다면서 깔보았지.

박의중은 중국으로 떠날 때 고려의 물품을 단 한 가지도 가져가지 않았어. 박의중이 도착하자 명나라 관리 서현은 그에게 뇌물을 요구했어. 고려 사신들이 명나라에 오면 많은 이익을 남기는 장사를

하기 때문에 그 대가를 달라고 했던 것이지.

하지만 박의중은 빈털터리였어. 그는 뇌물 대신에 서현에게 자신이 입고 있던 모시옷을 벗어 주었지. 서현은 박의중의 청렴함에 반했어. 그래서 예부 관리에게 그 사실을 알렸지.

박의중은 명나라 황제를 만났는데, 융숭한 대접을 받고 명나라가 철령위를 설치하려는 계획까지 거두게 했어. 서현은 박의중이 명나라를 떠날 때 사람들에게 그를 이렇게 칭찬했다고 해.

"나는 이제까지 고려 사신들을 많이 만났지만, 박의중처럼 청렴한 사람은 처음이었다. 황제에게 융숭한 대접을 받은 고려 사신도 그가 처음이었다."

모시는 왜
한산 모시가 유명하죠?

모시는 전국 방방곡곡에서 생산되는 것이 아니야. 모시의 원료인 모시풀은 추위에 약하여 기온이 영하 30도 이하로 떨어지면 뿌리가 얼어 버려. 서리에도 약하기 때문에 서리가 늦게 시작되고 일찍 끝나는 따뜻한 고장이 좋대. 바람이 강하게 부는 곳에서는 줄기가 견디지 못하기에 충청도에서만 모시를 생산한다는구나.

충청도에서도 한산 모시를 으뜸으로 치는데, 신라 때부터 생산되기 시작하여 조선 시대에는 왕에게 바치는 진상품으로 이름을 떨쳤지.

모시로 지은 옷인 모시옷은 삼국 시대부터 우리나라 사람들이 즐겨 입었어. 고려 말에 송나라에서 온 사신 서긍의 『고려도경』에는 고려 사람들 대부분이 모시로 옷을 만들어 입었고, 왕도 백성들과 똑같이 흰 모시옷을 평상복으로 입었다고 기록되어 있단다.

32

이성계를 찾아간 정도전,
병영 앞 소나무에
자신의 속마음이 담긴 시를 쓰다

우왕 1년(1375년), 북원에서 사신이 왔어. 이인임은 사신을 맞이하려고 했지. 하지만 정도전·정몽주·이색 등 신진 사대부들은 이를 반대하고 나섰어. 선왕인 공민왕이 명나라를 섬기기로 했는데 이제 와서 원나라 사신을 맞이하는 것은 옳지 않다는 거야.

그때 친원 세력의 우두머리였던 경복흥은 정도전을 원나라 사신을 맞이하는 영접사로 임명해 버렸어. 그러자 정도전은 이를 거부하며 이렇게 말했지.

"저를 끝까지 영접사로 임명하시겠다면 북원 사신의 목을 베어 가지고 오든지, 그렇지 않으면 그를 묶어 명나라로 보내겠습니다."

결국 정도전은 경복흥과 이인임의 미움을 사서 전라도 나주 회진현으로 귀양을 가게 되었지.

그 뒤 귀양에서 풀려나 학문을 연구하며 제자를 가르쳤던 정도전은 우왕 9년(1383년) 가을의 어느 날 이성계를 찾아갔어. 이성계는 동북면 도지휘사로서 함경도 함주(함흥)에 진을 치고 있었단다.

당시는 왜구가 쳐들어와 충청도·전라도·경상도 일대를 휩쓸 때였어. 이성계는 왜구 토벌에 나서 왜구들을 크게 무찔렀지. 그는 가는 곳마다 승리를 거두어 난세를 구할 영웅으로 떠오르고 있었어.

이성계는 정도전을 반갑게 맞이했어.

"어서 오십시오. 어인 일로 이 먼 길을 찾아오셨습니까?"

"장군님을 뵈러 왔지요. 세상에는 많은 인물들이 있지만 장군님만 한 분이 또 어디 있겠습니까?"

정도전은 고려 왕조가 썩을 대로 썩었다며 이 왕조를 무너뜨리고 새 나라를 세워야 한다는 생각을 하고 있었어. 새 나라를 세우려면 백성들의 신망을 얻는 이성계 같은 인물이 필요하기에 그를 만나러 왔던 거야.

이성계는 정도전과 대화를 나눈 뒤 자신이 거느린 병사들이 훈련하는 모습을 보여 주었어. 정도전은 찬찬히 바라보다가 감탄 섞인 목소리로 말했지.

"정말로 훌륭합니다. 이런 군대라면 무슨 일이든 못하겠습니까?"

"무슨 일이라니요? 그게 무슨 뜻입니까?"

이성계는 짐짓 모르겠다는 듯 그렇게 물었어. 정도전은 껄껄 웃으며 적당히 둘러댔지.

"하하, 왜구를 물리치는 일 말입니다."

그러나 정도전은 속마음을 감추지 않았어. 이성계의 군대가 주둔한 병영 앞에는 늙은 소나무 한 그루가 서 있었단다. 정도전은 갑자기 소나무에게 다가가더니, 품속에서 단도를 꺼내 소나무 껍질을 벗겨 냈어. 그러고는 소나무 위에 자신의 속마음이 담긴 시를 썼어.

아득한 세월에 한 그루 소나무
몇만 겹 푸른 산속에서 자랐구나.
다른 해에 다시 만나 볼 수 있을까.
인간 세상 굽어보다가 큰 발자취를 남기리니.

이 시는 이성계를 늙은 소나무에 비유한 작품이야. 앞으로 때가 되면 이성계는 위업을 이루고 인간 세상에 큰 발자취를 남길 것이니 자신과 손잡고 큰일을 하자는 뜻을 담았단다.

정도전과 이성계의 만남은 새 역사를 펼치는 중요한 만남이었어. 정도전은 이성계의 참모가 되었으며, 이성계가 위화도 회군으로 정권을 잡자 그를 도와 조선을 세웠지. 이성계를 왕으로 추대해 개국 공신이 되었던 거야.

태조 이성계의 무덤인 건원릉은 왜 봉분에 잔디가 아닌 억새가 심어져 있죠?

태조 이성계는 나고 자란 곳이 함경도 함흥이야. 그는 늘 고향을 그리워했으며, "내가 죽으면 함흥 땅에 묻어 달라."는 유언을 했지.
하지만 아들 태종은 아버지의 유언을 따를 수가 없었어. 함흥은 한양 도성에서 까마득히 먼 곳이었거든. 그렇다고 유언을 무시할 수가 없어서 고민 끝에 고향에서 흙과 억새를 가져와 무덤의 봉분을 만들기로 했지.

조선 왕조 최초의 왕릉인 건원릉

그런데 함흥은 한양에서 천 리나 되는 곳이기에 억새를 말라 죽지 않게 가져오기란 쉽지 않았어. 그때 한 신하가 방법을 찾아냈어. 함흥에서 한양까지 사람들이 쭉 늘어서서 억새 뗏장을 하나하나 받아넘겨 나르기로 한 거야. 그리하여 함흥 억새를 한양까지 안전하게 운반했단다.

임진왜란 때는 일본군이 태조 이성계의 무덤인 건원릉에 불을 지른 적이 있었어. 그때 별안간 강풍이 불어와 불을 꺼 버렸지. 그러자 일본군은 다시 불을 질렀어. 하지만 또 강풍이 불어와 불을 꺼 버렸어.

"왜 자꾸 불이 꺼지지?"

일본군은 세 번째로 능에 불을 질렀어. 이번에도 강풍이 불어와 불을 꺼 버렸지. 이에 일본군은 겁을 집어먹고 그 뒤로 건원릉 근처에 얼씬도 하지 않았단다.

억새는 자주 깎으면 죽기에 오늘날에는 일 년에 한 차례 한식날에 벌초를 한대. 벌초를 하기 전에는 관리 사무소 직원들이 능 앞에 명태를 놓고 막걸리 한 잔 부은 뒤 두 번 절을 드린다는구나.

33

"내 무덤에 풀 한 포기 나지 않을 것이다." 말했던 최영 장군

최영은 고려 말기의 장군이자 정치가야. 사헌규정 최원직의 아들로, 어려서부터 용감하고 무술을 좋아했어. 아버지 최원직은 최영의 나이 열여섯 살 때 세상을 떠났는데, "장차 큰일을 하려면 재물을 탐해서는 안 된다. 너는 황금 보기를 돌같이 하라."는 유언을 남겼지. 최영은 아버지의 유언을 철저히 지켜 결코 재물을 탐하지 않았어. 그가 입는 옷이나 먹는 음식은 검약하고 소박했으며, 어떤 때는 끼닛거리가 떨어져 굶기까지 했지.

최영은 열여덟 살 때 충청도 도순문사 밑에서 병졸 생활을 시작했어. 그 뒤 왜구와 홍건적을 물리치며 무장으로 출세했지. 싸울 때마다 이겨 백전백승의 명장으로 이름을 떨쳤어.

최영이 종일품 판삼사사 벼슬에 올랐을 때의 일이야. 우왕 2년

(1376년), 왜구가 지금의 부여인 홍산에 쳐들어오자 그는 환갑의 나이에 전쟁터로 나갔어. 그때 맨 앞에 나서서 적진으로 뛰어들었는데 화살 하나가 날아와 그의 윗입술에 꽂혔어. 하지만 최영은 태연하게 화살을 뽑은 뒤 아무 일 없었다는 듯 싸움을 지휘하여 왜구를 전멸시켰단다.

　우왕 14년(1388년), 고려의 재상인 문하시중이 된 최영은 요동 정벌을 위해 군사를 모았어. 모두 3만 8천여 명의 군사가 모아졌지. 우왕은 최영을 팔도 도통사에 임명하여 총지휘를 맡겼어. 좌군 도통사에는 조민수, 우군 도통사에는 이성계를 임명했어.

최영은 대군을 이끌고 직접 요동 정벌에 나설 생각이었어. 하지만 요동 정벌군을 격려하기 위해 우왕과 함께 서경(평양)에 왔다가 왕의 간청으로 함께 서경에 남게 되었단다. 우왕은 혼자 서경에 남아 있는 것을 몹시 두려워했지.

　　그해 5월 7일에 이성계와 조민수가 이끄는 요동 정벌군은 압록강 하류에 있는 위화도에 이르렀어. 위화도는 흙과 모래가 쌓여 이루어진 섬으로, 중국과 마주하고 있어 군사적으로 아주 중요한 곳이었지. 그때 장마가 시작되어 이성계는 진군을 멈추고 조민수와 상의를 했지.

　　"조 장군, 요동 정벌은 불가능한 일이오. 지금이 어느 땐데 군사를 동원하는 겁니까?"

　　"이 장군, 여기까지 왔는데 그게 무슨 말씀이오? 더구나 나라에서 하는 일 아닙니까?"

　　"제 얘기 좀 들어 보십시오, 조 장군. 요동 정벌이 왜 불가능한지 아십니까? 첫째, 요동까지 가려면 강을 건너야 하는데, 보시다시피 장마철입니다. 비가 많이 와서 강물이 넘치고 무기가 녹습니다. 좀 있으면 전염병까지 퍼질지 모릅니다."

　　"흠……."

　　"둘째, 바쁜 농사철에 논밭을 버려두고 왔으니 병사들의 사기가 살아 있겠습니까? 한마디로 죽을 맛이겠지요. 셋째, 우리가 대군을 이끌고 왔는데, 그 틈을 노려 왜구가 쳐들어올 것입니다. 약기가 쥐새끼 같은 무리들이니까요. 넷째, 작은 나라가 어떻게 큰 나라를 이깁니까? 달걀로 바위치기이지요."

"그럼 이 장군은 요동 정벌을 포기하고 되돌아가자 그 말씀입니까?"

"별수 없습니다. 요동 정벌은 불가능합니다."

"이 장군, 이렇게 하는 것이 어떻겠습니까? 전하께 글을 올려 군사를 돌릴 것을 청하는 겁니다."

"좋습니다. 저도 그 생각을 했습니다."

이성계와 조민수는 우왕에게 글을 올렸어. 그러나 우왕과 최영은 무조건 진격하라는 답장을 보냈지. 이성계는 도저히 그 명령을 따를 수 없었어. 그래서 그는 조민수를 설득하여 군사를 되돌리고 말았지. 역사적인 이 사건을 '위화도 회군'이라고 해.

요동 정벌군은 반란군이 되었어. 이성계는 개경까지 쳐내려와 도성을 함락시켜 버렸어. 최영이 이들과 맞서 싸웠지만 역부족이었어. 최영은 이성계 군대에게 붙잡혀 고봉(지금의 경기도 고양)으로 귀양을 갔어. 고봉에서 합포(지금의 경상남도 창원)로, 합포에서 충주로 옮겨진 최영은 우왕 14년(1388년) 12월 개경에서 최후를 맞게 되었지. 사형을 당하기 직전, 최영이 말했어.

"너희들은 나를 죄인으로 몰아 죽이지만, 나는 하늘을 우러러

한 점 부끄럼이 없는 사람이다. 내 평생에 탐욕스러운 마음을 가졌다면 내 무덤에 풀이 날 것이다. 그렇지 않다면 풀 한 포기 나지 않을 것이다."

그의 말대로 최영의 무덤에는 정말 풀 한 포기 나지 않았어. 후세 사람들은 이 무덤을 가리켜 '붉은 무덤'이라고 불렀단다.

최영을 사랑했던 백성들은
그를 신격화하여
신앙의 대상으로 삼았다면서요?

이성계는 위화도 회군으로 권력을 손에 쥐었어. 그리고 개혁을 꿈꾸는 신진 사대부들과 고려 왕조를 무너뜨리고 조선이라는 새로운 나라를 세웠지.

최영과 이성계는 전쟁터를 함께 누비며 장군으로서 비슷한 삶을 살아왔지만 위화도 회군 이전부터 서로 다른 길을 걸어 당대 최고의 맞수가 되었단다.

두 사람은 출신 성분부터 달랐어. 최영이 대대로 높은 벼슬을 지낸 철원 최씨 가문 출신이라면, 이성계는 동북면 지방으로 이주해 온 변변치 않은 가문 출신이었어. 따라서 최영은 당시 고려의 기득권층이었던 권문세족 편에 섰고, 이성계는 자신과 출신 성분이 비슷한 신진 사대부들과 손을 잡았지.

최영이 왕의 의견만을 중요하게 여기는 데 비해, 이성계는 신진 사대부들과 함께 이 나라에 개혁이 필요하다고 생각했단다. 두 사람은 서로 다른 생각 다른 길을 걸었어. 그렇기에 최영이 고려의 충신으로 생애를 끝낸 데 비해, 이성계는 위화도 회군으로 조선 건국의 주역이 될 수 있었어.

최영은 이성계와 맞선 인물이었기에 조선 시대에는 사면복권이 될 수 없었어. 하지만 최영을 사랑한 백성들은 그를 신격화하여 신앙의 대상으로 삼았지. 그래서 오늘날에도 최영 장군을 모시고 제사를 지내는 무속 신앙인들이 많이 있단다.